Compétences **B2**

Expression orale

Michèle Barféty

Niveau **3**

CLE
INTERNATIONAL

www.cle-inter.com

Direction éditoriale : Michèle Grandmangin
Édition : Bernard Delcord
Illustrations : Marco
Mise en pages : CGI

Cet ouvrage d'expression orale s'adresse à des apprenants adultes et adolescents totalisant au moins 360 heures de français. Il permet la préparation aux épreuves d'expression orale du DELF de niveau B2. Le niveau de compétence requis correspond au niveau B2 du Cadre européen commun de référence pour les langues.

Ce manuel d'exercices d'entraînement à l'expression orale est accompagné d'un CD contenant tous les documents sonores. Il peut être utilisé en classe, en complément de la méthode de FLE habituelle ou dans tout contexte d'apprentissage impliquant au minimum deux personnes. Les transcriptions des enregistrements et des propositions de corrigés des exercices sont fournies à la fin du recueil.

L'ouvrage se compose de 5 unités de trois leçons chacune.

- Chaque unité comporte une progression lexicale et syntaxique.

- Chaque leçon comprend trois doubles pages sur un même thème intitulées : **1. Imiter**, **2. Interpréter** et **3. S'exprimer**.

Ces trois doubles pages proposent des tâches complémentaires et progressives et nécessitent des stratégies différentes.

- De nombreux visuels servent de point de départ à des activités variées : description, explication, commentaire, interprétation ou discussion.

- Des écoutes servent également de point de départ à certaines activités de production orale. Elles mettent en scène des outils que l'apprenant devra réutiliser lui-même par la suite.

- Des outils communicatifs, lexicaux ou grammaticaux sont proposés sur chaque double page.

- À la fin de chaque unité, un bilan reprenant les principales situations de communication présentées permet à l'apprenant de s'autoévaluer.

- Certaines activités sont prévues pour deux personnes (deux apprenants, ou un enseignant et un apprenant), d'autres peuvent se faire par deux ou en groupe jusqu'à une douzaine d'apprenants.

Chaque leçon comprend trois doubles pages.

- La première double page propose d'« imiter ». Après avoir repéré des outils dans un contexte de communication donné, l'apprenant doit les réutiliser en interaction dans des activités guidées.

- La deuxième double page propose d'« interpréter », c'est-à-dire de réutiliser ses compétences linguistiques dans des situations interactives voisines de celles de la première partie, mais enrichies par des outils complémentaires.

- La troisième double page propose de « s'exprimer », c'est-à-dire de laisser à chacun une liberté suffisante pour qu'il se sente impliqué dans ses interventions. Les activités proposées sont des discussions à partir de supports divers et des jeux de rôles. La dernière page présente un aspect de la civilisation française et l'utilise comme point de départ d'une conversation.

LES ACTIVITÉS PROPOSÉES

• Complétez les dialogues et jouez les scènes

À partir des courts dialogues entendus, vous devez imaginer le début et la fin de la conversation avec votre partenaire et jouer la scène complète sans oublier d'utiliser les outils fournis. Vous pouvez ensuite discuter de vos choix avec les autres apprenants.

• Discutez

Vous devez parler avec les autres apprenants sur le sujet proposé. Pour vous préparer à cette discussion, vous devez d'abord répondre à des questions ou faire des choix personnels. Ensuite, vous devez poser des questions aux autres apprenants, leur donner votre avis et discuter avec eux.

• Dialoguez – Échangez des informations, des idées, des impressions

Vous devez construire un dialogue avec votre partenaire à partir d'éléments donnés : textes, dessins ou tableaux et réutiliser les outils fournis précédemment.

• Faites passer la parole

Vous devez utiliser les modèles proposés pour faire des mini-dialogues de deux ou trois répliques. Vous pouvez travailler en chaîne : le premier avec le deuxième, puis le deuxième avec le troisième, etc.

• Imaginez les situations

À partir des éléments du dialogue, vous devez imaginer le contexte de la situation, ce qui s'est éventuellement passé avant et ce qui peut arriver après.

• Informez-vous

Vous devez écouter un document sonore et discuter de son contenu avec les autres apprenants pour contrôler votre compréhension. Vous devez poser des questions aux autre apprenants et répondre aux leurs. En groupe, vous devez présenter le contenu du document avec le plus de détails possible.

• Informez-vous et informez-nous

Vous devez lire le document proposé et en discuter avec les autres apprenants pour vérifier votre compréhension. Sur le même thème, vous devez présenter la situation dans votre pays.

• Interprétez

Vous devez jouer une scène avec un ou plusieurs autres apprenants à partir d'un document donné. Ce document est généralement un dessin avec des personnages en situation.

• Jouez la scène

Vous devez jouer les dialogues entendus sans les lire. Si vous le pouvez, mettez-vous dans la situation du dialogue : debout, assis, face à face, etc.

• Mettez-vous d'accord

Vous devez discuter avec les autres apprenants pour choisir ensemble une réponse commune aux questions posées.

• **_Réagissez_**

Cette activité est proposée à partir d'un dessin. Vous devez expliquer la signification de ce dessin, donner votre avis et discuter avec les autres apprenants.

• **_Répondez_**

Vous devez répondre aux questions posées sur une écoute et comparer vos réponses à celles des autres apprenants.

D'autres activités peuvent être proposées dans une leçon mais ne pas être répétées dans la suite de l'ouvrage.

L'utilisation du signe * devant un mot signifie que ce mot appartient au langage familier.

SOMMAIRE

SOMMAIRE

> ■ **OBJECTIF FONCTIONNEL :** Situer un événement par rapport à un autre moment que le présent – Nuancer le passé.
>
> ■ **OUTILS :** Quelques indications temporelles – Le plus-que-parfait – Parler des catastrophes naturelles – La presse écrite.

■ 1 ■ *Répondez.* 🎧 ÉCOUTE 1

• *Quelles sont les indications temporelles que vous entendez dans les dialogues ?*

• *Notez-les et expliquez leur utilisation.*

....

....

....

....

■ 2 ■ *Imaginez les situations.*

• *Pour chaque mini-dialogue, imaginez la situation et qui parle.*

• *Discutez avec les autres apprenants pour vous mettre d'accord.*

■ 3 ■ *Complétez les dialogues et jouez les scènes.*

• *Avec votre partenaire, imaginez un début et une suite à ces dialogues.*

....

....

....

....

....

....

....

....

....

• *Jouez les scènes. N'oubliez pas d'utiliser les éléments de l'écoute.*

OUTILS

Situer un événement par rapport à un autre moment que le présent. (Passé ou futur)

Moment de référence	Moment antérieur	Moment postérieur
ce jour-là	la veille	le lendemain
ce matin-là	la veille au matin/au soir	le lendemain matin/après-midi/soir
cet après-midi-là	l'avant-veille	le surlendemain
ce soir-là	deux jours avant/auparavant	deux jours après/plus tard
cette semaine-là	la semaine d'avant/précédente	la semaine d'après/suivante
ce lundi-là	le lundi d'avant/précédent	le lundi d'après/suivant
ce mois-là	le mois d'avant/précédent	Le mois d'après/suivant
cette année-là	l'année d'avant/précédente	l'année d'après/suivante
à ce moment-là		

■ 4 ■ Faites passer la parole.

• Comme dans les exemples, imaginez une situation en deux répliques.

Exemples : **A** – Qu'est-ce que tu as fait dimanche dernier ?
B – Rien, j'étais trop fatiguée. La veille, c'était mon anniversaire, il y avait vingt-cinq personnes à la maison, tu imagines !
B – C'est pendant les vacances de Pâques que tu pars au Canada ?
C – Non, c'est la semaine d'après.

■ 5 ■ Informez-vous. 🎧 ÉCOUTE 2

• De quoi parlent-ils ? Prenez des notes.

....
....
....

• Discutez avec les autres apprenants pour contrôler ou compléter vos informations.

■ 6 ■ Jouez la scène.

Patrick : Tu as écouté les informations ?
Sophie : Non pourquoi ? …

OUTILS

Le plus-que-parfait

• <u>Formes</u> : Le verbe *avoir* ou le verbe *être* à l'imparfait + le participe passé du verbe.
Exemple : J'avais déjeuné, j'étais parti(e), je m'étais promené(e) …

• <u>Utilisation</u> : Pour les actions antérieures aux faits passés dont on parle (au passé composé ou à l'imparfait).
Exemple : Hier, Léo a enfin mis la chemise que sa femme lui avait offerte pour son anniversaire deux mois auparavant. Il était content, elle avait bien choisi.

■ 7 ■ Échangez des informations.

• Choisissez un article de presse et complétez-le en imaginant les événements précédents.

• Racontez votre fait divers à votre partenaire, répondez à ses questions et posez-lui des questions sur le sien.

Fin de cavale pour Marcel Duval

Hier soir à 21 heures, Marcel Duval a été arrêté par la police au 22 de la rue de Paradis. Deux mois auparavant, ...
....
....
....
....
....
....
....
....
....
....
....
....
....
....

Les trois randonneurs disparus enfin retrouvés

Hier matin, un guide de montagne a retrouvé les trois randonneurs disparus depuis quatre jours dans les Alpes. La semaine précédente,
....
....
....
....
....
....
....
....
....
....
....
....

■ 8 ■ *Interprétez.*

Faits divers

Un week-end mémorable

Quand ils sont rentrés chez eux, après un week-end pluvieux qu'ils avaient passé enfermés dans un hôtel du bord de mer, les membres de la famille Deschamps ont découvert leur maison dans un état indescriptible.

En leur absence, des cambrioleurs indélicats avaient mis la maison sens dessus dessous. Les meubles anciens avaient disparu ainsi que l'ordinateur, la télévision, le magnétoscope, les bijoux de madame et bien d'autres choses encore.

Quand les policiers sont venus constater les dégâts, ils ont remarqué que les cambrioleurs étaient tout naturellement passés par la porte d'entrée que les Deschamps avaient omis de fermer au moment de leur départ.

L'assureur, averti de ce petit détail, a informé les Deschamps que, compte tenu de leur négligence, il ne pouvait pas les indemniser pour ce sinistre.

Le week-end à la mer avait été catastrophique, le retour à la maison l'était encore plus ! ■

* Les membres de la famille Deschamps discutent pour savoir lequel d'entre eux a oublié de fermer la porte d'entrée avant leur départ.
* Choisissez un rôle (le père, la mère, la grand-mère, le fils…).
* Souvenez-vous de tout ce qui s'était passé avant ce départ en week-end.
* Notez vos idées.

....

....

....

....

....

....

....

....

....

* Racontez ce dont vous vous souvenez. Accusez les autres et disculpez-vous.

OUTILS

Parler des catastrophes
* Un incendie s'est déclaré. Un pyromane a mis le feu. Le feu a détruit la forêt. Les arbres brûlent encore. La région est ravagée par le feu.
* Des pluies torrentielles se sont abattues sur la région. Les cours d'eau ont débordé. La crue des rivières a provoqué une inondation. La ville est inondée. Les habitants ont été évacués.
* Une violente tempête a tout arraché sur son passage. Le vent soufflait à 170 km/h.
* La terre a tremblé, c'est un tremblement de terre ou un séisme. Les bâtiments se sont effondrés. Ce cataclysme a causé des dégâts importants et a fait de nombreuses victimes.

• *Ils racontent comment ils ont été sauvés et ce qui s'était passé avant l'arrivée des sauveteurs.*

• *Choisissez un rôle : journaliste ou victime.*

• *Préparez vos questions si vous êtes journaliste ou votre récit si vous êtes victime.*

....

....

....

....

• *Jouez la scène en groupe ou avec un partenaire.*

■ **10** ■ *Informez-vous et informez-nous.*
Lisez le texte.

> ### La presse en France
>
> Avec plus de 4 000 titres édités et diffusés, la presse française semble florissante. Pourtant, les quotidiens se plaignent de la désaffection de leurs lecteurs. À peine un Français sur cinq lit un quotidien national tous les jours et deux sur cinq lisent un quotidien régional. *L'Équipe*, un journal sportif, est celui qui fait les plus gros tirages. Les Français seraient-ils plus intéressés par le sport que par la politique ? En tout cas, *Le Monde*, *Le Parisien-Aujourd'hui*, *Le Figaro*, *Libération*, *Les Échos* et les autres ne parviennent pas à le détrôner. L'arrivée de quotidiens gratuits, il y a quelques années dans les grandes villes comme Paris, Lyon ou Marseille, a suscité une vive polémique. Pourtant, il ne semble pas qu'ils aient modifié le lectorat de la presse payante. Contrairement aux quotidiens, les magazines se portent plutôt bien. Hebdomadaires, mensuels, bimensuels, grand public ou spécialisés, il y en a pour tous les goûts et pour toutes les tranches d'âge. Les plus lus sont les magazines de télévision, suivis par la presse féminine et les magazines d'information. Pour ce qui est des magazines qui dévoilent la vie des vedettes et véhiculent les potins mondains, les Français prétendent toujours les avoir lus dans la salle d'attente de leur dentiste ou chez leur coiffeur, ce qui ne les empêche pas de bien les connaître.
>
> Source : FNPF
> (Fédération nationale de la Presse française)

• *Discutez avec les autres apprenants pour contrôler votre compréhension du texte.*
• *Comme dans le document, présentez la presse de votre pays.*

■ **11** ■ *Discutez.*

• *Répondez aux questions pour préparer la discussion.*

1. Est-il important de lire des journaux ? Pourquoi ?

....

2. Quel moyen d'information préférez-vous : la presse écrite, la radio, la télévision, Internet, les amis ? Justifiez vos choix.

....

3. Si vous lisez la presse écrite, qu'est-ce qui vous intéresse particulièrement ?

....

4. Êtes-vous abonné à un journal ou à un magazine ? Pourquoi choisir ce mode d'achat ?

....

5. Quel type de lecteur êtes-vous, méthodique ou superficiel ? Expliquez.

....

6. Sommes-nous bien informés par les médias ? Justifiez votre réponse

....

7. Pensez-vous que les journaux papier disparaîtront un jour ? Pourquoi ?

....

• *Donnez votre opinion. Discutez avec les autres apprenants.*

■ 12 ■ *Racontez.*

- *Présentez une nouvelle que vous avez lue ou entendue récemment et qui a retenu votre attention.*
- *Expliquez pourquoi cette information vous a intéressé.*
- *Discutez de ce sujet avec les autres apprenants.*

OUTILS

La presse écrite
- Un quotidien, un journal, un magazine, une revue, un périodique, un hebdomadaire, un *hebdo (qui paraît une fois par semaine), un mensuel (une fois par mois), un bimensuel (deux fois par mois), un gratuit (journal d'information financé par la publicité et distribué gratuitement).
- Le journaliste fait des reportages, il réalise des interviews, il participe à des conférences de presse, il discute avec ses collègues en salle de rédaction, il écrit des articles pour la rubrique dans laquelle il est spécialisé.

■ 13 ■ *Mettez-vous d'accord.*

- *En groupe, vous voulez créer un nouveau magazine.*
- *Choisissez le contenu de ce magazine, la cible que vous souhaitez toucher, un nom pour votre revue.*
- *Réfléchissez aux différentes tâches à accomplir pour le réaliser.*
- *Qui fera quoi ? Partagez-vous le travail.*
- *Justifiez vos choix et vos compétences en racontant vos expériences passées qui vous permettront d'être utile et efficace dans la création de ce magazine.*

 **LEÇON 2**

RAPPORTER DES PROPOS ENTENDUS *1. Imiter*

■ **OBJECTIF FONCTIONNEL :** Rapporter des propos – Parler d'informations non confirmées.

■ **OUTILS :** Le style indirect au passé, verbes introducteurs et concordances de temps – Valeur du conditionnel : fait non avéré – L'univers de la justice.

■ **1** ■ *Répondez.* 🎧 ÉCOUTE **1**

• *Quel est le point commun de tous ces dialogues ?*

• *Notez les expressions qui expriment ce point commun. Expliquez leur utilisation.*

....

....

....

....

■ **2** ■ *Imaginez les situations.*

• *Pour chaque mini-dialogue, imaginez la situation et qui parle.*

• *Discutez avec les autres apprenants pour vous mettre d'accord.*

■ **3** ■ *Complétez les dialogues et jouez les scènes.*

• *Avec votre partenaire, imaginez un début et une suite à ces dialogues.*

....

....

....

....

....

....

....

....

• *Jouez les scènes. N'oubliez pas d'utiliser les éléments de l'écoute.*

OUTILS

Rapporter des propos entendus sans préciser leur origine

• **Il paraît que** + phrase	*Il paraît qu'il est amoureux.*
• **On dit que** + phrase	*On dit qu'il est amoureux.*
• **J'ai entendu dire que** + phrase	*J'ai entendu dire qu'il était amoureux.*
• **J'ai entendu parler de** + nom/pronom	*J'ai entendu parler de cette histoire.*
	J'en ai entendu parler.

Les informations non confirmées.

• Apprendre une nouvelle par le bouche à oreille, (l'information se transmet d'une personne à l'autre et ainsi de suite).

• Il y a des bruits qui courent sur qqch. ou qqn (des informations non confirmées circulent d'une personne à l'autre).

• Les on-dit = la rumeur (ce que les gens disent, les nouvelles colportées par les gens).

■ 4 ■ *Faites passer la parole.*

• *Comme dans les exemples, imaginez une situation en deux répliques.*

Exemples: **A** – Il paraît que Sophie a perdu son travail?

        B – Oui, j'ai entendu dire qu'elle voulait quitter la ville.

        B – Tu as entendu parler de la nouvelle *prof?

        C – Un peu oui. Les bruits courent qu'elle n'est pas très *sympa.

■ 5 ■ *Informez-vous.* 🎧 ÉCOUTE 2

• *De quoi parlent-ils? Prenez des notes.*

....

....

....

• *Discutez avec les autres apprenants pour contrôler ou compléter vos informations.*

■ 6 ■ *Jouez la scène.*

Karen: Alors Mathias, il paraît que tu quittes la *boîte?

Mathias: Ça, c'est Géraldine …

OUTILS

Le style indirect au passé, les concordances de temps

• **présent → imparfait**
(+ semi-auxiliaire au présent des verbes au passé récent, au présent progressif, au futur proche)
« Il pleut. » « Il va pleuvoir. » « Il vient de pleuvoir. » « Il est en train de pleuvoir. »
On m'*a dit* qu'il <u>pleuvait</u>/qu'il <u>allait pleuvoir</u>/qu'il <u>venait de pleuvoir</u>, qu'il <u>était en train de pleuvoir</u>.

• **passé composé → plus-que-parfait**
« Il a plu. » On m'*a dit* (j'ai entendu dire) qu'il <u>avait plu</u>.

• **futur simple → conditionnel présent**
« Il pleuvra. » On m'*a dit* qu'il <u>pleuvrait</u>.

■ 7 ■ *Échangez des informations.*

• *Choisissez une fiche et présentez une petite information à partir du dessin proposé.*

• *Posez des questions à votre partenaire sur son histoire et répondez aux siennes.*

• *Vous avez appris l'information par le bouche à oreille, utilisez les structures nécessaires.*

■ **8** ■ *Interprétez.*

- *Par la rumeur, vous avez découvert que votre ami(e) vous a caché beaucoup de choses sur sa vie passée. Ces informations sont-elles vraies ou fausses?*
- *Choisissez un rôle et préparez vos questions.*

....

....

....

....

....

....

....

....

- *Jouez la scène avec votre partenaire. Expliquez-lui ce que vous avez entendu dire à son sujet. Posez-lui des questions, répondez aux siennes. Racontez-lui ces épisodes de votre vie passée.*

■ 9 ■ *Informez-vous et interprétez.* 🎧 ÉCOUTE 3

• *Écoutez le dialogue et notez les informations concernant Lucie.*

....

....

• *Ces informations sont-elles réelles ? Comment pouvez-vous le savoir ?*
  Discutez avec les autres apprenants.

• *Imaginez la prochaine rencontre entre Lucie et son amie. Préparez le dialogue.*

....

....

....

....

....

....

....

• *Jouez la scène avec votre partenaire.*

OUTILS

Valeur du conditionnel : fait non avéré

Le conditionnel est utilisé pour donner une information qui n'a pas été contrôlée, et dont le locuteur n'est pas absolument sûr.

• Le conditionnel présent pour une information dans le présent.
  J'ai entendu dire que le président <u>serait</u> actuellement à Strasbourg.

• Le conditionnel passé pour une information dans le passé.
  Il paraît que l'inondation <u>aurait provoqué</u> la mort de plusieurs personnes.

■ 10 ■ *Discutez.*

• *Vous avez entendu parler du fait-divers illustré par le dessin.*
  Notez vos informations.

....

....

....

....

....

....

....

....

....

....

....

....

....

....

• *Rapportez ce que vous savez de ce fait divers. Comparez*
  votre version à celles des autres apprenants. Discutez.

■ **11** ■ *Informez-vous et informez-nous.*

• *Lisez le texte.*

> ## Une justice rendue par le peuple
>
> Aimeriez-vous être juré dans un procès ? Pour les Français, la question ne se pose pas. Si vous avez plus de vingt-trois ans et si vous savez lire et écrire, vous serez peut-être un jour juré dans une Cour d'assises sans le vouloir. En effet, les noms des futurs jurés sont tirés au sort sur les listes électorales de la ville et les personnes sélectionnées ne peuvent pas refuser d'accomplir ce devoir de citoyen.
>
> La Cour d'assises, composée de neuf jurés et de trois magistrats, juge les crimes comme les meurtres, les viols, les vols à main armée ou les actes terroristes. Les accusés risquent des peines de réclusion pouvant aller jusqu'à perpétuité, des amendes ou des peines complémentaires comme par exemple l'interdiction d'exercer une activité professionnelle.
> Le juge mène les débats. L'avocat général représente le ministère public
>
> et défend les intérêts de la société. L'avocat de l'accusé plaide pour les intérêts de son client. Les jurés doivent écouter attentivement magistrats et témoins et ils peuvent s'ils le souhaitent poser des questions.
> Acquittement, condamnation ferme ou avec sursis, la responsabilité des jurés est importante. Ils sont tenus au secret et ne doivent pas révéler le contenu des délibérations, même lorsque l'affaire est terminée. ■

• *Discutez avec les autres apprenants pour contrôler votre compréhension du texte.*

• *Comment la justice est-elle rendue dans votre pays ?*

■ **12** ■ *Discutez.*

• *Répondez aux questions pour préparer la discussion.*

1. Quels sont à votre avis les avantages et les inconvénients d'un jury populaire ?

....

2. Quelles qualités doit avoir un juré pour remplir efficacement sa tâche ?

....

3. Aimeriez-vous faire partie d'un jury d'assises ? Pourquoi ?

....

4. Pouvez-vous imaginer d'autres types de peine que la prison ?

....

5. La peine de mort a été abolie en France en 1981. Que pensez-vous de cette décision ?

....

• *Donnez votre opinion. Discutez avec les autres apprenants.*

OUTILS

L'univers de la justice.
• Les procès ont lieu au tribunal. L'avocat plaide coupable ou innocent.
• La Cour d'assises juge les crimes. Le tribunal correctionnel juge les délits (vol, escroquerie, coups et blessures graves …) et il peut prononcer une peine allant jusqu'à 10 ans de prison (de réclusion).
• Seule la Cour d'assises fait appel à un jury populaire.

■ 13 ■ *Discutez.*

• *Imaginez la situation.*
  Quelle est la relation entre ces deux personnes?
  Pourquoi l'homme est-il en colère?
  Pourquoi la femme ne dit-elle rien?
  Que s'est-il passé avant?
  Discutez avec les autres apprenants pour vous mettre d'accord.

• *La préparation du procès.*
  Comment l'homme est-il mort?
  La police a enquêté et elle a arrêté la femme qui va être jugée pour crime.

  Faites deux groupes:
  – un groupe pense que la femme est coupable.
  – un groupe pense que la femme est innocente.

  Dans chaque groupe, chaque apprenant choisit un rôle:
  – l'avocat
  – un voisin/une voisine
  – un ami/une amie de la famille
  – un/une collègue de travail
  – le médecin de la famille,
  – un commerçant, etc.

  Par groupe, préparez vos témoignages.

• *Le procès.*
  Faites le procès de la femme.
  Les avocats organisent les débats.
  Les témoins disent ce qu'ils savent de cette affaire et des relations entre l'accusé et la victime.
  Ils racontent ce qu'ils ont vu ou entendu.

• *À la fin du procès, le groupe juge l'accusée en fonction des témoignages entendus et décide si elle doit être acquittée ou condamnée.*
  En cas de condamnation, vous devez définir la peine.

LEÇON 3

■ **OBJECTIF FONCTIONNEL :** Confronter passé et présent.

■ **OUTILS :** Situer un récit dans un passé lointain – Situer un récit dans le présent – Exprimer l'antériorité avec l'infinitif composé – Évoquer des changements – Entre mémoire et souvenirs.

■ 1 ■ *Répondez.* 🎧 ÉCOUTE 1

• *Quelles sont les indications temporelles que vous entendez dans les dialogues ?*

• *Notez-les et expliquez leur utilisation.*

....
....
....
....

■ 2 ■ *Imaginez les situations.*

• *Pour chaque mini-dialogue, imaginez la situation et qui parle.*

• *Discutez avec les autres apprenants pour vous mettre d'accord.*

■ 3 ■ *Complétez les dialogues et jouez les scènes.*

• *Avec votre partenaire, imaginez un début et une suite à ces dialogues.*

....
....
....
....
....
....
....
....

• *Jouez les scènes. N'oubliez pas d'utiliser les éléments de l'écoute.*

OUTILS

Situer un récit dans un passé lointain

• Situer dans le passé sans référence particulière.
  Autrefois, jadis (plus utilisé à l'écrit), **dans le temps** (plus familier), **avant**, la vie était belle.

• Situer dans le passé du locuteur.
  De mon temps, à mon époque, quand j'étais petit = quand j'étais enfant, quand j'étais jeune, dans ma jeunesse, les gens étaient plus aimables.

• Situer dans un passé déjà évoqué dans la conversation.
  À l'époque, en ce temps-là, à cette époque là, c'était le bon temps.

Ces indications temporelles sont généralement suivies d'un verbe à l'imparfait.

■ 4 ■ *Faites passer la parole.*

• *Comme dans les exemples, imaginez une situation en deux répliques.*

Exemples : **A** – J'irais bien au cinéma ce soir.

   B – De mon temps, le cinéma c'était le samedi, pas en semaine !

   B – Tu connais le restaurant « Les délices du chef » ?

   C – Oui. Avant, ça s'appelait « Au fin gourmet », je crois.

■ 5 ■ *Informez-vous.* 🎧 ÉCOUTE 2

• *Quel est le point commun des personnes qui parlent ? De quoi parlent-elles ?*

• *Relevez les mots utilisés pour situer dans le passé et dans le présent.*

....

....

....

• *Discutez avec les autres apprenants pour contrôler ou compléter vos informations.*

OUTILS

Situer un récit dans le présent

• **À présent, de nos jours, actuellement, maintenant, aujourd'hui**…

Ces indications temporelles sont souvent utilisées pour opposer une situation présente à une situation passée ou future.

■ 6 ■ *Dialoguez*

• *Ils parlent de leur passé. Ils comparent leurs expériences à celles des jeunes d'aujourd'hui.*

• *Choisissez un rôle et notez vos idées.*

....	....
....	....
....	....
....	....
....	....
....	....

• *Jouez la scène avec votre partenaire.*

■ **7** ■ *Informez-vous et interprétez.* 🎧 ÉCOUTE **3**

• *Qui sont les deux personnes qui parlent? De quoi parlent-elles?*

• *Relevez les mots utilisés pour parler de changements.*

• *Relevez les verbes à l'infinitif passé. Expliquez leur utilisation.*

....

....

....

• *Discutez avec les autres apprenants pour contrôler ou compléter vos informations.*

OUTILS

Exprimer l'antériorité avec l'infinitif composé

• Il est composé de *être* ou *avoir* à l'infinitif suivi du participe passé du verbe.

• Il peut remplacer une complétive.
  Il pense <u>qu'il a vu</u> ce film = Il pense <u>avoir vu</u> ce film.
  Il a dit <u>qu'il était allé</u> à Paris = Il a dit <u>être allé</u> à Paris.

• Il est utilisé après les verbes construits avec l'infinitif quand les deux verbes ont le même sujet.
  Je suis désolé de vous <u>avoir réveillé</u>. *Je vous remercie de <u>vous être dérangé</u>.*
  Je suis content de vous <u>avoir vu</u>. *Je regrette d'<u>être parti(e)</u>.*

Évoquer des changements.

• La situation change (un changement), varie (une variation), se modifie (une modification), se transforme (une transformation), évolue (une évolution).
Elle s'améliore (une amélioration) ≠ elle se détériore (une détérioration).
Elle s'aggrave (une aggravation) = elle empire.

• Les salaires, les prix, le taux de chômage… augmentent (une augmentation, une hausse), progressent (une progression) ≠ baissent (une baisse), diminuent (une diminution).

■ **8** ■ *Interprétez.*

• *Ils étaient militaire, chanteuse, journaliste, professeur. Ils parlent de leur expérience et ils comparent leur vie à celle de leurs jeunes collègues.*

- *Faites deux groupes, les journalistes et les retraités, et réalisez une émission de radio sur le thème : « Passé présent, qu'est-ce qui a changé ? »*
- *Notez vos idées.*

....
....
....
....
....
....
....
....
....
....
....

- *Jouez la scène en groupe.*

9 Échangez des idées.

La famille	Les loisirs	L'éducation
Le travail	Le logement	L'alimentation
La technologie	L'énergie	Les transports

- *Choisissez un des thèmes proposés.*
- *Préparez une petite présentation orale comparative entre la situation actuelle et celle d'autrefois. Parlez de vos expériences personnelles. Notez vos idées.*

....
....
....
....
....
....
....
....
....
....
....

- *Présentez le sujet que vous avez choisi et discutez-en avec les autres apprenants.*

■ 10 ■ *Informez-vous et informez-nous.*

• *Lisez le texte.*

> ### La mémoire collective des Français, un patrimoine culturel
>
> Qu'ils aient de la mémoire ou qu'ils n'en aient pas, il y a des choses dont tous les Français se souviennent. Les noms de certains personnages de notre histoire, par exemple. Ils évoquent chez la plupart d'entre nous les mêmes images : Vercingétorix le vaillant Gaulois, le bon roi saint Louis, la jeune et courageuse Jeanne d'Arc, Louis XIV le roi soleil ou Napoléon l'empereur conquérant.
>
> Littéraires ou pas, tous les Français connaissent les fables de La Fontaine, et beaucoup d'entre eux sont capables d'en réciter quelques vers de mémoire. D'autres écrivains illustres comme Molière, Corneille ou Balzac font aussi partie de ces références communes.
>
> Mais la mémoire collective n'est pas toujours aussi sérieuse. Certaines phrases venues du cinéma se répètent de génération en génération. C'est le cas de celle-ci, par exemple : « T'as d'beaux yeux, tu sais… » adressée à Michèle Morgan par Jean Gabin dans le film *Le Quai des brumes* de 1938. Aujourd'hui encore, lorsqu'ils veulent séduire une jeune fille de manière humoristique, les garçons prennent une voix théâtrale pour prononcer cette phrase. La plupart d'entre eux n'ont jamais vu le film, mais la phrase est restée gravée dans les mémoires.
>
> Bien d'autres choses font partie du patrimoine culturel des Français, comme la 2 CV, (prononcer 2 chevaux), le jambon-beurre ou la Bastille. Cette mémoire collective qui relie les hommes se modifie au fil des générations. Elle s'enrichit de nouveaux éléments, en perd d'autres, mais elle reste un symbole d'appartenance à un pays.

• *Discutez avec les autres apprenants pour contrôler votre compréhension du texte.*

• *Pouvez-vous présenter quelques exemples qui, selon vous, font partie de la mémoire collective de votre pays.*

■ 11 ■ *Discutez.*

• *Répondez aux questions pour préparer la discussion.*

1. Connaissez-vous d'autres éléments de la mémoire collective des Français ?

....

2. En quoi la mémoire collective est-elle utile ?

....

3. On parle dans certains cas de « devoir de mémoire ». Comment comprenez-vous cette expression ? Qu'en pensez-vous ?

....

4. Comment cette mémoire collective est-elle transmise ?

....

5. Vous intéressez-vous au passé ? Pourquoi ?

....

6. La famille a aussi souvent une mémoire collective. En quoi cela vous paraît-il important ?

....

• *Donnez votre opinion. Discutez avec les autres apprenants.*

Entre mémoire et souvenirs
- Avoir de la mémoire, avoir une bonne (mauvaise) mémoire. Entretenir sa mémoire.
- Avoir la mémoire des noms, des visages, des dates… = se souvenir facilement des noms…
- C'est gravé dans ma mémoire = c'est quelque chose que je n'oublierai pas.
- Vous avez la mémoire courte (utilisé pour accuser qqn. de ne pas vouloir se souvenir de qqch).
- Rafraîchir la mémoire de quelqu'un (rappeler des souvenirs à qqn). – Se rafraîchir la mémoire.
- Avoir une mémoire d'éléphant = avoir beaucoup de mémoire.
- Être amnésique = avoir perdu la mémoire.
- Un pense-bête (moyen utilisé pour ne pas oublier quelque chose.)

■ 12 ■ *Racontez.*

- *Recherchez dans votre mémoire votre souvenir le plus ancien et racontez-le aux autres apprenants.*
- *Précisez quel âge vous aviez à cette époque là, où s'est passée votre histoire et essayez d'expliquer pourquoi ce souvenir là est resté gravé dans votre mémoire.*
- *En groupe, comparez ces différents souvenirs. Ont-ils quelque chose de commun ?*

■ 13 ■ *Mettez-vous d'accord.*

- *En groupe, vous devez organiser une exposition de photos pour présenter le monde du vingtième siècle.*
- *Discutez avec les autres apprenants pour choisir les événements et les personnages que vous choisirez de présenter.*
- *Mettez-vous d'accord sur les photos qui représenteront le mieux les événements choisis.*

■ 14 ■ *Réagissez.*

- *Lisez le document et imaginez la situation.*

Le Quotidien
Le pseudo-amnésique condamné à 5 ans de prison.

Reconnu amnésique par les médecins, il avait été adopté par une famille américaine dont le fils avait disparu quelques années auparavant. Après un procès …

- *Une affaire comme celle-ci a eu lieu en France récemment.*
- *Qu'en pensez-vous ? Discutez avec les autres apprenants.*

Donnez la réplique ou complétez le récit.

Attention, vous ne devez pas utiliser deux fois la même réponse.

– « Qu'est-ce que tu as fait le dimanche 19 juin ? »

1. « .... »

– « Et le jour d'avant ? »

2. « .... »

– « Et le jour d'après ? »

3. « .... »

– « Et le dimanche 26 ? »

4. « .... »

5. 6. 7. – « Quand je suis rentré à la maison, tout était sens dessus dessous. Les voleurs étaient .... Ils .... Ils s'.. »

8. 9. 10. « L'incendie .... à 14 heures. La population du village .... immédiatement. Ce matin, il ne reste rien, le village ....

11. La police a arrêté .... »

– « Alors ton travail de journaliste, comment ça se passe ? »

12. « Bien, je ....

13. Je ....

14. Et aussi je .... Ça me plaît beaucoup. »

– « Vous savez ce qui se passe ici ? Pourquoi il n'y a personne au guichet ? »

15. « Ben…, il .... »

16. « On .... »

17. « J'ai .... »

18. « Moi, j'ai .... »

– « Comment ? Qu'est-ce qu'il a dit ? Il vient de trouver un appartement ? »

19. « Oui, il a dit .... »

– « Je ne comprends pas. Il a déménagé ? »

20. « Oui, il a dit .... »

– « Mais, il est content ? »

21. « Oui, il a dit .... »

– « Et, il viendra nous voir le week-end prochain ? »

22. « Oui, il a dit .... »

– « Merci, merci beaucoup. »

– « Tu as entendu la nouvelle ? Johnny a eu un accident ! »

23. « Oui, mais on n'est sûr de rien. Sa voiture .... ,

24. et maintenant, il .... »

25. 26. « C'est quand même une affaire grave, je me demande si elle va être jugée

au .... ou à .... »

– « Maintenant ma pauvre dame, les jeunes ne peuvent plus trouver de travail. »

27. « Vous avez raison, ... »

28. « Ça, c'est bien vrai, ... »

29. « Oui, ... »

30. « .... »

31. « .... »

– « Vous avez compris que la situation de votre fils est grave ? »

32. « Oui, je pense .... »

33. « Il dit qu'il n'a rien volé ? » « C'est exact. Il prétend .... »

34. « Il regrette quelque chose ? » « Oui, il regrette d' .... »

– « Et vous, vous avez eu tort de le laisser sortir ce soir là ? »

35. « Oui, c'est de ma faute, je suis désolée de .... »

– « Que pensez-vous de la situation économique du pays ? »

36. « À mon avis, tout va bien, elle .... »

37. 38. 39. « Pas du tout ! Au contraire, elle ....

– Les prix .... et les salaires ....

– Ça ne va pas du tout ! »

40. « Je vois que vous avez oublié les graves difficultés que nous avons connues l'an dernier monsieur.

Vous .... ! »

⬤ COMPTEZ VOS POINTS

Vous avez **plus de 30 points** : BRAVO ! C'est très bien. Vous pouvez passer à l'unité suivante.
Vous avez **plus de 20 points** : C'est bien, mais regardez vos erreurs, cherchez les réponses possibles dans les leçons et refaites le test. Ensuite, passez à l'unité suivante.
Vous avez **moins de 20 points** : Vous n'avez pas bien mémorisé cette unité, reprenez-la, puis recommencez l'autoévaluation. Bon courage !

FIXER DES PRÉALABLES

■ **OBJECTIF FONCTIONNEL :** Situer des événements dans un temps relatif.

■ **OUTILS :** L'antériorité avec avant, jusqu'à et en attendant – Utilisation du futur antérieur – Écologie et énergie.

■ **1** ■ *Répondez.* 🎧 ÉCOUTE 1
• *Notez les indications temporelles utilisées dans ces scènes.*
• *Expliquez leur utilisation.*

....
....
....
....

■ **2** ■ *Imaginez les situations.*
• *Pour chaque mini-dialogue, imaginez la situation et qui parle.*
• *Discutez avec les autres apprenants pour vous mettre d'accord.*

■ **3** ■ *Complétez les dialogues et jouez les scènes.*
• *Imaginez d'autres phrases possibles pour compléter ces propositions.*

....
....
....
....
....
....
....
....

• *Jouez les scènes. N'oubliez pas d'utiliser les éléments de l'écoute.*

OUTILS

L'antériorité

• **Avant, en attendant, jusqu'à/au** + nom
  J'achèterai une valise *avant* mon voyage.
  Il est resté en Belgique *jusqu'au* mois d'août.
  En attendant l'heure du dîner, tu peux travailler un peu.

• **Avant de, en attendant de** + verbe à l'infinitif (2 verbes, 1 même sujet)
  Il a acheté son billet *avant de* partir.
  Il doit payer les frais *en attendant de* recevoir sa bourse.

• **Avant que, en attendant que, jusqu'à ce que** + phrase au subjonctif.
  Le jour se lève *avant que* tu (ne) te réveilles. (2 verbes, 2 sujets)
  Il ira faire les courses *en attendant que* tu reviennes. (2 verbes, 2 sujets)
  Tu travailleras *jusqu'à ce que* tu sois fatigué/*jusqu'à ce que* je rentre. (2 verbes, 1 ou 2 sujets)

■ 4 ■ *Faites passer la parole.*

• *Comme dans les exemples, imaginez une situation en deux répliques.*

Exemples : **A** – Tu as envoyé ta lettre recommandée ?

   B – Non, mais je vais y aller avant que la poste (ne) ferme.

   B – Vous voulez un café ?

   C – Oui, c'est une bonne idée. Avant de partir, ça va me réveiller.

■ 5 ■ *Informez-vous.* 🎧 ÉCOUTE **2**

• *De quoi parlent-ils ? Prenez des notes.*

....

....

....

• *Discutez avec les autres apprenants pour contrôler ou compléter vos informations.*

■ 6 ■ *Jouez la scène.*

Une femme : Quelle histoire !
Un homme : De quoi tu parles ?

■ 7 ■ *Échangez des informations.*

• *Choisissez une fiche et présentez la situation à partir du dessin proposé.*

• *Expliquez ce qui s'est passé avant l'arrivée des secours.*

• *Posez des questions à votre partenaire sur son histoire et répondez aux siennes.*

....

....

....

....

....

....

....

■ 8 ■ *Interprétez.*

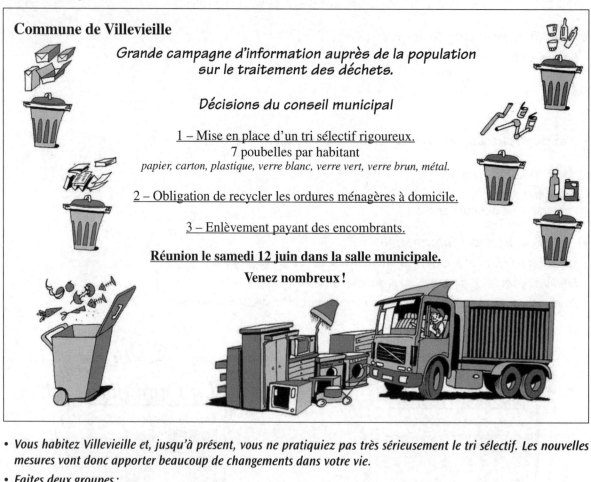

Commune de Villevieille

Grande campagne d'information auprès de la population sur le traitement des déchets.

Décisions du conseil municipal

1 – Mise en place d'un tri sélectif rigoureux.
7 poubelles par habitant
papier, carton, plastique, verre blanc, verre vert, verre brun, métal.

2 – Obligation de recycler les ordures ménagères à domicile.

3 – Enlèvement payant des encombrants.

Réunion le samedi 12 juin dans la salle municipale.
Venez nombreux !

- *Vous habitez Villevieille et, jusqu'à présent, vous ne pratiquiez pas très sérieusement le tri sélectif. Les nouvelles mesures vont donc apporter beaucoup de changements dans votre vie.*
- *Faites deux groupes :*
  1. *Les habitants qui refusent ces mesures ou qui veulent les aménager.*
  2. *Les membres du conseil municipal et les habitants qui soutiennent ces mesures.*
- *Préparez vos arguments.*

....
....
....
....
....

- *Discutez pour trouver une solution.*

■ 9 ■ *Informez-vous et interprétez.* 🎧 ÉCOUTE 3

- *Qui sont les deux personnes qui parlent ? De quoi parlent-elles ?*
- *Relevez les verbes qui évoquent des actions futures. Expliquez leur utilisation.*

....
....
....

- *Discutez avec les autres apprenants pour contrôler ou compléter vos informations.*

• *Imaginez une suite à ce dialogue. Notez vos idées.*

....
....
....
....
....
....

• *Jouez la scène avec votre partenaire.*

   A: Tu auras fini ce compte-rendu dans combien de temps?
   B: Environ une heure j'espère.

OUTILS

Le futur antérieur
   • <u>Formes</u>: Le verbe avoir ou le verbe être au futur simple + le participe passé du verbe.
   • <u>Utilisation</u>: Pour les actions antérieures aux faits futurs dont on parle ou antérieures à un moment précisé dans le futur.
   Exemple: Quand tu rentreras, je me serai préparé(e) et j'aurai dîné. Je serai parti(e) avant 8 H.

■ 10 ■ *Interprétez.*

• *Elle veut qu'ils prennent une année sabbatique pour faire le tour du monde.*
  Il pense qu'ils doivent attendre quelques années et qu'ils ne partiront que quand ils auront réalisé quelques projets.

• *Choisissez un rôle et préparez les idées de votre personnage.*

....
....
....
....
....
....
....

• *Jouez la scène avec votre partenaire.*

■ **11** ■ *Informez-vous et informez-nous.*

• *Lisez le texte.*

> ### Protéger la planète, une priorité ?
>
> Oui bien sûr, la majorité des Français est d'accord. Mais le prix à payer et les efforts à consentir pour y parvenir sont encore parfois un obstacle difficile à surmonter. En ce qui concerne les déchets, les Français pratiquent le tri sélectif. Plus les gens sont âgés, plus ils appartiennent à une catégorie sociale élevée et plus ils s'acquittent sérieusement de cette tâche. D'autre part, pour limiter la prolifération des sacs en plastique distribués dans les grandes surfaces, certains y renoncent au profit de sacs réutilisables. Enfin, le consommateur commence à s'intéresser aux produits qui utilisent moins d'emballage et produisent donc moins de déchets.
>
> Du côté de la voiture, les choses sont plus délicates. Il y a bien chaque année une « journée sans voiture » pour sensibiliser les citadins à ses nuisances et leur montrer ce que pourrait être leur ville sans voiture. Mais dès le lendemain de l'opération, celles-ci reprennent leurs droits et envahissent de nouveau l'espace. Individualistes, beaucoup de Français boudent les transports en commun et, s'ils commencent à se mettre au vélo, ils ne sont pas près de rattraper certains Européens comme les Hollandais sur ce terrain. Quant à l'énergie, l'augmentation des prix pousse le consommateur à limiter ses besoins. Comme d'autres pays, la France se tourne vers les énergies renouvelables qui permettront peut-être à notre Terre de survivre. ■

• *Discutez avec les autres apprenants pour contrôler votre compréhension du texte.*
• *Comme dans le document, présentez la situation dans votre pays.*

■ **12** ■ *Discutez.*

• *Répondez aux questions pour préparer la discussion.*

1. La France produit principalement de l'énergie nucléaire. Est-ce une énergie propre ?

....

2. Quels sont les autres types d'énergie que vous connaissez ?

....

3. Quels sont leurs qualités et leurs défauts ?

....

4. Laquelle de ces énergies vous semble la plus prometteuse ? Pourquoi ?

....

5. Quelles modifications dans notre société pourraient entraîner une baisse de la consommation d'énergie ?

....

6. Comment imaginez-vous l'avenir de la voiture individuelle ?

....

7. Accepteriez-vous de vivre sans voiture ? Pourquoi ?

....

8. De quelles autres machines consommant de l'énergie pourriez-vous vous passer ?

....

• *Donnez votre opinion. Discutez avec les autres apprenants.*

Écologie

On trie et on recycle les déchets = les ordures = les détritus. – Le tri et le recyclage. – Du papier recyclé.
La pollution crée des nuisances (des effets négatifs pour la nature et pour l'homme).
La prolifération = la multiplication.
Les voitures produisent des gaz à effet de serre qui réchauffent l'atmosphère.

Énergie

Les énergies fossiles : le charbon, le pétrole. Les énergies renouvelables. L'énergie nucléaire.
Les énergies propres ne polluent pas. Exemple : l'énergie solaire.
L'énergie hydraulique est produite grâce à un barrage. – Les éoliennes utilisent la force du vent.

■ 13 ■ *Discutez.*

- *Le maire de votre ville souhaite prendre des mesures pour limiter la circulation des voitures dans sa commune et permettre à ses concitoyens de respirer un air moins pollué.*

- *Voici quelques propositions en images. Faites-en d'autres.*

- *Vous faites partie du conseil municipal.*

- *Seul ou par petits groupes, choisissez un projet et définissez son mode de fonctionnement exact.*

- *Présentez votre projet à vos collègues du conseil municipal.*

- *Discutez avec les autres conseillers pour choisir le projet qui sera mis en place dans votre ville.*

- *Une fois le projet choisi par tous. Définissez clairement les étapes de sa mise en place dans la ville : travaux, modalités d'utilisation, information de la population, etc.*

ÉVALUER DES QUANTITÉS

1. Imiter

■ **OBJECTIF FONCTIONNEL :** Commenter des données chiffrées – Situer des événements dans un temps relatif.

■ **OUTILS :** Donner des chiffres approximatifs – La postériorité avec : *après, après que, une fois que, dès que* – Quelques pronoms indéfinis : *aucun, les uns, les autres, d'autres, quelques-uns, certains, la plupart* – L'immigration.

■ 1 ■ *Répondez.* 🎧 ÉCOUTE 1

• *Quel est le point commun de tous ces dialogues ?*

• *Notez les expressions qui expriment ce point commun. Expliquez leur utilisation.*

....

....

....

....

■ 2 ■ *Imaginez les situations.*

• *Pour chaque mini-dialogue, imaginez la situation et qui parle.*

• *Discutez avec les autres apprenants pour vous mettre d'accord.*

■ 3 ■ *Complétez les dialogues et jouez les scènes.*

• *Avec votre partenaire, imaginez un début et une suite à ces dialogues.*

....

....

....

....

....

....

....

....

....

• *Jouez les scènes. N'oubliez pas d'utiliser les éléments de l'écoute.*

OUTILS

Donner des chiffres approximatifs

Ils accompagnent une quantité ou une heure.

• **Approximativement/environ/à peu près/*grosso modo**
  Elle a *environ* 25 ans. Il est *à peu près* 8 heures.

• **Bien, au moins** (Le chiffre annoncé est un minimum)
  Il coûte *bien* quinze euros. Il est *au moins* minuit.

• **Presque** (La réalité est légèrement inférieure au chiffre annoncé)
  Elle pèse *presque* cent kilos. Il est *presque* midi.

Ils accompagnent une heure mais pas une quantité.

• **Vers, aux environs de**
  Il est arrivé *vers* neuf heures. – On se retrouvera *aux environs de* 20 heures.

■ 4 ■ *Faites passer la parole.*

• *Comme dans l'exemple, imaginez une situation en deux répliques.*

Exemple :   **A** – Il y a à peu près 60 millions d'habitants en France, non ?
             B – Oh oui, il y en a bien 60 millions.

■ 5 ■ *Informez-vous.* 🎧 ÉCOUTE 2

• *De quoi parlent-ils ? Prenez des notes.*

....
....
....

• *Discutez avec les autres apprenants pour contrôler ou compléter vos informations.*

■ 6 ■ *Jouez la scène.*

Un jeune homme :   Mademoiselle s'il vous plaît, vous avez le programme de l'excursion de cet après-midi ?
Une jeune femme :   Eh bien… non, mais …

OUTILS

La postériorité

• **Après** + nom
  Les enfants sont rentrés à la maison *après* les cours.

• **Une fois** + participe passé de sens passif avec ou sans sujet /+ nom de lieu
  Une fois l'été fini, les touristes s'en iront. – *Une fois* (arrivés) à Paris, ils reprendront le travail.

• **Après** + infinitif composé
  Vous irez au cinéma *après avoir fait* vos devoirs. (2 verbes, 1 sujet)

• **Après que/une fois que** + phrase à l'indicatif
  Il nous enverra le colis *après que/une fois que* nous aurons payé. (2 verbes, 2 sujets)

• **Dès que** + phrase à l'indicatif (les deux actions se succèdent immédiatement)
  Elle est partie *dès que* son mari est arrivé./ *Dès qu'*elle a eu son visa, elle est partie.

■ 7 ■ *Échangez des informations.*

• *Imaginez le programme de la visite de votre ville ou de la capitale de votre pays.*

• *Présentez votre programme à votre partenaire. Posez-lui des questions sur son programme et répondez aux siennes. Notez son programme.*

Programme de la visite de…	**Programme de la visite de…**
....	....
....	....
....	....
....	....
....	....
....	....
....	....
....	....
....	....
....	....
....	....
....	....
....	....

■ **8** ■ *Informez-vous et interprétez.* 🎧 ÉCOUTE 3

• *Qui sont les deux personnes qui parlent ? De quoi parlent-elles ?*

....

....

....

• *Discutez avec les autres apprenants pour contrôler ou compléter vos informations.*

• *Imaginez une suite à ce dialogue. Notez vos idées.*

....

....

....

....

....

....

• *Jouez la scène avec votre partenaire.*

Une Japonaise :   Il y a beaucoup d'immigrés en France, il me semble.
Un Français :   Bien sûr, comme dans tous les pays…

OUTILS

Quelques pronoms indéfinis

• **Aucun (aucune)**
   Il a deux enfants, aucun n'habite en France.

• **Les uns (les unes), les autres/d'autres**
   Les Français ne sont jamais d'accord. Les uns se plaignent quand il pleut, les autres quand il fait beau.

• **Quelques-uns (quelques-unes) – certains (certaines) – la plupart – tous (toutes)**
   Je connais beaucoup de villages. Quelques-uns sont tristes, certains sont joyeux, la plupart sont beaux mais tous ont du charme.

■ **9** ■ *Interprétez.*

• *Un groupe de jeunes étrangers souhaite aller s'installer en France. Leurs familles ne sont pas d'accord car la vie des émigrés est souvent très difficile.*

• *Faites deux groupes :*
   – Les jeunes gens qui souhaitent aller vivre en France.
   – Les membres de la famille qui préfèrent que leurs enfants restent dans leur pays.

• *Choisissez un rôle et préparez vos arguments.*

....

....

....

....

....

....

....

• *Jouez la scène en groupe.*

■ **10** ■ *Interprétez.*

- *Vous habitez dans cette petite ville de France qui se prépare à fêter le deux millième anniversaire de sa création. Fondée par les Romains, elle garde les traces de son histoire jusqu'à aujourd'hui.*
- *Vous faites partie du comité des fêtes de votre ville et vous devez organiser les festivités qui mettront en valeur le patrimoine de la ville.*
- *Par petits groupes, imaginez les différentes étapes de la fête et les préparatifs nécessaires.*
- *Organisez le travail que les membres du comité devront fournir et répartissez-le entre tous les participants.*
- *Préparez vos idées.*

....

....

....

....

....

....

....

....

- *Présentez votre projet aux autres groupes.*
- *Discutez tous ensemble pour choisir le meilleur projet.*
- *Discutez-en, améliorez-le si nécessaire. Mettez-vous d'accord.*

■ **11** ■ *Informez-vous et informez-nous.*

• *Lisez le texte.*

> **Le racisme est-il présent dans notre société ?**
>
> Oui et non, ça dépend des gens, ça dépend des jours. Quand l'équipe nationale de football gagne le Mondial en 1998, la France est « black blanc beur » à la couleur de ses joueurs. Si les banlieues s'enflamment comme à l'automne 2005, on remet alors en lumière les discriminations qui subsistent dans notre société.
>
> Bien que de nombreux Français d'origine étrangère soient bien intégrés dans la société, l'égalité des chances n'est pas encore une réalité pour tous. Il est parfois diffi-cile de porter un nom à consonance étrangère ou d'avoir un physique diffé-rent de celui du Français moyen. Certains se voient refuser l'entrée des dis-cothèques, d'autres ont des difficultés à trouver un emploi ou à louer un appartement. Les lois qui interdisent la discrimina-tion existent, elles ne sont pas toujours parfaitement respectées.
>
> Avec eux, les étrangers ont apporté en France une part de leur culture à laquelle les Français sont perméables. Ils ado-rent les pizzas, le cous-cous et la cuisine asia-tique. Ils écoutent la musique africaine, le raï ou le flamenco, et déco-rent leurs logements avec toutes sortes d'objets exotiques.
>
> Que sera la France de demain ? Le pays change. Les mariages mixtes se multiplient. Certains parmi ces nouveaux Français sont propulsés à la une des médias grâce à leurs talents. Ils deviennent sportifs de haut niveau, artistes, journalistes, politiciens et démontrent par là que la réussite sociale n'est pas l'apanage des seuls Français de souche. ■

• *Discutez avec les autres apprenants pour contrôler votre compréhension du texte.*

• *Comme dans le document, présentez la situation dans votre pays.*

■ **12** ■ *Discutez.*

• *Répondez aux questions pour préparer la discussion.*

1. Connaissez-vous des Français célèbres d'origine étrangère ? Qui ?

....

2. Y a-t-il aussi dans votre pays des gens célèbres d'origine étrangère ? Que font-ils ?

....

3. Quelles sont d'après vous les causes du racisme ?

....

4. Épouseriez-vous quelqu'un d'une origine différente de la vôtre ? Pourquoi ?

....

5. Qu'en penserait votre famille ?

....

6. Aimeriez-vous vivre toute votre vie dans un autre pays que le vôtre ? Pourquoi ?

....

7. Si vous deviez quitter définitivement votre pays, qu'est-ce qui vous manquerait le plus ?

....

• *Donnez votre opinion. Discutez avec les autres apprenants.*

L'immigration
• Les immigrés sont des gens nés dans un pays étranger et résidant sur le territoire français, même s'ils ont acquis la nationalité française.
• Émigrer = quitter son pays natal. – Immigrer = aller vivre dans un autre pays.
• On appelle « *Beurs » les jeunes nés en France de parents immigrés originaires des pays d'Afrique du Nord. Ce terme n'est pas péjoratif. Il a été inventé par ces jeunes eux-mêmes.
• Un Français de souche est un Français dont les ancêtres étaient français eux aussi.

■ **13** ■ *Présentez les statistiques et discutez.*

Pourcentage d'immigrés en France selon leur pays d'origine

Continent d'origine	en 1962	en 1968	en 1975	en 1982	en 1990	en 1999
Europe	78,7 %	76,4 %	67,2 %	57,3 %	50,4 %	44,9 %
Afrique	14,9 %	19,9 %	28 %	33,2 %	35,9 %	39,3 %
Asie	2,4 %	2,5 %	3,6 %	8 %	11,4 %	12,8 %
Amérique/Océanie	3,2 %	1,1 %	1,3 %	1,6 %	2,3 %	3 %

Source : INSEE Recensements de la population.

• *Par petits groupes, présentez les statistiques de l'immigration en France pour chacun des continents d'origine.*
• *Comparez les chiffres de l'immigration entre les différents continents d'origine.*
• *Comment évolue l'immigration des étrangers en France ? Pouvez-vous proposer des explications à ces différents mouvements de population ?*

■ **14** ■ *Discutez.*
• *Comment bien vivre ensemble ?*
Imaginez des solutions pour aider les gens à vivre ensemble malgré leurs différences.
• *Faites des propositions.*
• *Discutez avec les autres apprenants.*

LEÇON 3

EXPOSER DES FAITS SIMULTANÉS

1. Imiter

■ **OBJECTIF FONCTIONNEL :** Exprimer la simultanéité de deux actions.

■ **OUTILS :** Expressions pour faire le point – La simultanéité : conjonctions, locutions et prépositions – Langue et langage.

■ **1** ■ *Répondez.* 🎧 ÉCOUTE 1

• *Quel est le point commun de tous ces dialogues ?*

• *Notez les expressions qui expriment ce point commun. Expliquez leur utilisation.*

....

....

....

....

■ **2** ■ *Imaginez les situations.*

• *Pour chaque mini-dialogue, imaginez la situation et qui parle.*

• *Discutez avec les autres apprenants pour vous mettre d'accord.*

■ **3** ■ *Complétez les dialogues et jouez les scènes.*

• *Avec votre partenaire, imaginez un début et une suite à ces dialogues.*

....

....

....

....

....

....

....

• *Jouez les scènes. N'oubliez pas d'utiliser les éléments de l'écoute.*

OUTILS

Pour faire le point

• **Dans le fond, au fond, en fait, finalement, tout compte fait, à vrai dire, en fin de compte, tout bien considéré...** J'aime bien apprendre le français.

■ **4** ■ *Faites passer la parole.*

• *Comme dans les exemples, imaginez une situation en trois répliques.*

Exemples : **A** – Vous voulez aller à Paris ?

B – À vrai dire, non. Je crois que je préfère aller visiter Toulouse.

A – Tout compte fait, moi aussi.

B – Tu viens avec moi au cinéma ?

C – Non, tout bien considéré, je vais rester à la maison pour préparer mon examen.

B – Bon, comme tu veux. Finalement, moi je vais plutôt aller voir Mélanie.

■ **5** ■ *Informez-vous.* 🎧 ÉCOUTE **2**

• *De quoi parlent-elles ? Prenez des notes.*

....
....
....

• *Discutez avec les autres apprenants pour contrôler ou compléter vos informations.*

■ **6** ■ *Jouez la scène.*

Carole : Qu'est-ce que tu fais, Nadine, lorsque ton mari va jouer au foot avec ses copains ?
Nadine : Ben… avant, je passais tout l'après-midi à…

OUTILS

La simultanéité entre deux actions

• Les actions se passent à un moment précis : **quand/lorsque/le jour où/au moment où**
  Quand elle est arrivée, il pleuvait. – *Le jour où* ils se sont mariés, il faisait beau.

• Les actions sont habituelles : **quand/lorsque/chaque fois que/les jours où**
  Élodie est malade *chaque fois qu'*elle monte en voiture. – *Lorsqu'*il pleut, elle ne sort pas.

• Les actions durent : **pendant que**
  Il a plu *pendant que* nous faisions les courses.

• Les actions sont simultanées mais l'opposition est soulignée : **alors que/tandis que**
  La mère travaillait dans le jardin *alors que* le père dormait.

• La durée de l'une des actions dépend de la durée de l'autre : **tant que/aussi longtemps que**
  Luc restera à Paris *tant qu'*il aura du travail.

■ **7** ■ *Échangez des informations.*

• *Choisissez un dessin et imaginez ce qui se passe en même temps que ce que vous voyez.*

• *Préparez votre présentation.*

....
....
....
....
....
....
....

....
....
....
....
....

• *Racontez ce que vous savez à votre partenaire et continuez le dialogue sous forme de conversation.*

■ **8** ■ *Informez-vous et interprétez.* 🎧 ÉCOUTE 3

• *Qui sont les deux personnes qui parlent ? De quoi parlent-elles ?*

....

....

....

• *Discutez avec les autres apprenants pour contrôler ou compléter vos informations.*

• *Imaginez une suite à ce dialogue. Notez vos idées.*

....

....

....

....

....

....

• *Jouez la scène avec votre partenaire.*

M. Rouvière :   Asseyez-vous je vous prie.
Mme Lalande :   Merci.

OUTILS

La simultanéité

• **Au moment de** + verbe à l'infinitif.
  Au moment de partir, il l'a embrassée. (Les deux verbes ont le même sujet)

• **Pendant/durant/au cours de/lors de/en plein milieu de** + nom
  Il a annoncé son mariage *pendant/durant/au cours du/lors du/en plein milieu du* repas.

• **Au moment de** + nom (la simultanéité est ponctuelle)
  Il a annoncé son mariage *au moment du* repas. (Quand le repas a commencé)

■ **9** ■ *Mettez-vous d'accord.*

• *Vous êtes un groupe d'étudiants et vous apprenez le français dans une école de langue pour préparer deux examens. Le premier aura lieu en janvier et le second en septembre. D'autre part, vous allez faire un voyage en France pendant deux semaines au mois de juillet.*

• *L'école vous propose un stage intensif de français pendant une semaine. Vous devez choisir en commun le meilleur moment pour faire ce stage.*

• *Faites votre choix et préparez vos arguments.*

....

....

....

....

....

....

• *Discutez avec les autres apprenants pour vous mettre d'accord.*

■ 10 ■ *Interprétez.*

- *Un crime a été commis dans votre immeuble.*
  La police va enquêter.

- *Formez deux groupes :*
  – Un petit groupe de policiers.
  – Les habitants de l'immeuble.

- *Choisissez un rôle et une identité.*

- *Les policiers vont déterminer la nature du crime (vol, meurtre...), l'heure et le lieu exact où il a été commis, les indices retrouvés et les mobiles possibles.*

- *Notez les éléments choisis.*

....

....

....

....

....

....

- *Par deux, les habitants de l'immeuble vont préparer leurs emplois du temps pour la journée du crime. Leurs activités communes, soit dans l'immeuble, soit à l'extérieur, soit au téléphone ne peuvent pas durer plus de 3 heures. Mettez-vous d'accord avec votre partenaire.*

- *Notez votre emploi du temps.*

....

....

....

....

....

....

....

....

....

....

....

....

- *Les policiers réunissent les habitants de l'immeuble pour leur annoncer ce qui s'est passé puis ils les interrogent pour démasquer le coupable.*

- *Jouez la scène.*

■ **11** ■ *Informez-vous et informez-nous.*

• *Lisez le texte.*

> ### Êtes-vous doué pour les langues ?
>
> Les Français, qui ont la réputation de ne pas être doués pour les langues, ont adopté de nouvelles mesures pour améliorer leurs compétences. En effet, depuis la rentrée scolaire 2005, les enfants commencent l'apprentissage d'une première langue étrangère dès l'âge de 5 ans, à l'école maternelle. Ils continueront cet apprentissage pendant les cinq années d'école primaire, et à 11 ans, lorsqu'ils arriveront au collège, ils étudieront alors une deuxième langue étrangère, puis une troisième deux ans plus tard. Les langues les plus couramment étudiées sont l'anglais, l'allemand, l'espagnol ou l'italien mais de plus en plus de curieux s'intéressent au russe, à l'arabe ou même au chinois.
>
> Le français reste bien sûr un sujet d'étude privilégié pour les enfants des écoles. Son apprentissage leur demande de nombreux efforts, mais ils ne sont pas les seuls à devoir *plancher sur les règles de l'orthographe. Vingt-neuf pays dans le monde sont francophones et ont donc le français comme langue officielle, seule ou avec d'autres langues.
>
> Avec la déferlante des SMS chez les jeunes, l'orthographe vole en éclats et la langue écrite adopte, pour la circonstance, de nouveaux codes. Des dictionnaires de texto proposent même d'améliorer nos performances dans ce domaine. On y trouve des transcriptions de phrases comme par exemple « tabitou » pour « tu habites où ? », « tu vil 2 m'1 » pour « tu viens demain ? » ou encore « L é b'L » pour « elle est belle ».
>
> Encore de nouvelles règles à apprendre ! ■

• *Discutez avec les autres apprenants pour contrôler votre compréhension du texte.*

• *Comme dans le document, présentez la situation dans votre pays.*

■ **12** ■ *Discutez.*

• *Répondez aux questions pour préparer la discussion.*

1. Est-il nécessaire de pratiquer une ou plusieurs langues étrangères ? Pourquoi ?

....

2. Malgré les difficultés rencontrées par les élèves, il n'est pas question actuellement de simplifier les règles d'orthographe française. Qu'en pensez-vous ?

....

3. Qu'est-ce qui, dans votre langue maternelle, vous semble difficile pour les étrangers ?

....

4. D'après les spécialistes, 31,8 % des langues actuellement parlées dans le monde disparaîtront d'ici un siècle. Quelles seront les conséquences de ces disparitions ?

....

5. Vous paraît-il possible qu'un jour, il n'y ait plus qu'une seule langue sur notre planète ? Est-ce souhaitable ? Quelle langue pourrait être choisie ?

....

6. Quels sont les mots français utilisés dans votre langue ? Ont-ils le même sens qu'en français ?

....

• *Donnez votre opinion. Discutez avec les autres apprenants.*

Langue et langage

- Une langue vivante (parlée) ≠ morte (qui n'est plus parlée : le latin, le grec ancien).
- L'extension d'une langue (le développement) ≠ l'extinction (la disparition).
- Un séjour linguistique (un séjour dans un pays étranger pour y apprendre la langue). Le linguiste est le spécialiste de la linguistique (science du langage).
- Le langage peut être familier, soutenu, technique, subversif, rudimentaire, élaboré, etc.
- On parle du langage du corps, des animaux, des fleurs.

▪ 13 ▪ *Discutez.*

- *Comment apprendre le français dans des conditions idéales ?*

  Vous allez organiser un séjour linguistique en France de deux semaines pour un groupe d'adolescents étrangers de niveau intermédiaire.

- *Choisissez un lieu pour ce séjour : une région, une ville.*

- *Faites la liste des activités culturelles et sportives que vous pouvez proposer à cet endroit et qui pourraient intéresser ce groupe.*

- *Réfléchissez aux visites touristiques que l'on peut faire dans cette région.*

- *Faites des choix et mettez-vous d'accord sur le programme du séjour.*
  - *Les heures de cours.*
  - *Les activités sportives*
  - *Les activités dans la ville.*
  - *Les visites à l'extérieur de la ville.*
  - *Les temps libres.*

- *Faites le programme du cours de français.* Proposez des activités à pratiquer en classe.

Donnez la réplique ou complétez le récit.

Attention, vous ne devez pas utiliser deux fois la même réponse.

« Pardon ? Je n'ai pas compris. Tu dois finir ce travail avant quand ? »

1. « Avant .... »

2. « .... »

3. « .... »

« Je dois t'attendre jusqu'à quand ? »

4. « .... »

5. « .... »

« Tu fais ça en attendant quoi ? »

6. « .... »

7. « .... »

8. « .... »

« J'espère que tout sera prêt quand je rentrerai ? »

9. « Oui, bien sûr, je ....,

10. je ....,

11. et je me .... »

« Qu'est-ce qu'on fait en France avec les déchets ? »

12. 13. 14. « Les .... ? On les .... et .... »

« En France, on produit surtout des énergies fossiles ? »

15. « Pas du tout, ... »

« Tu sais combien il y a d'habitants en France ? »

16. « Pas exactement, ... »

17. « Pas vraiment, ... »

18. « Pas précisément, ... »

19. « Pas trop, ... »

« Tu finis à six heures précises ce soir ? »

20. « Non, ... »

« Tu sors du travail et tu viens tout de suite ? »

21. « Oui, ... »

« Tu dois écrire cet article, et après, qu'est-ce que tu feras ?

22. « Après .... »

23. « .... »

« Il va te téléphoner, et après, qu'est-ce que tu feras ? »

24. « Après .... »

25. « .... »

« Est-ce que tous les Français étudient l'anglais ? »

26. « Non, ... ,

27. mais .... »

« Est-ce que beaucoup d'enfants français étudieront une langue étrangère dans le futur ? »

28. « Oui, ... »

« Toi, tu es française puisque tu es née en France. Mais tes parents, ils sont nés en Espagne ? »

29. « Oui, ils .... »

« Comment ? Il n'y a pas un seul étudiant dans la classe ce matin ? »

30. « Non, ... »

« Tu as bien réfléchi ? Finalement, tu l'achètes ou tu ne l'achètes pas, cette voiture ? »

31. « .... »

32. « .... »

33. « .... »

34. « .... »

35. 36. 37. 38. 39. 40.

« .... les magasins font des soldes, il y a un monde fou et il faut attendre .... des heures pour pouvoir essayer quelque chose. Avec ma copine, on est bien organisé. Je fais la queue devant les cabines .... elle cherche des vêtements à essayer. Comme ça, ... elle a trouvé ce qu'elle veut, elle peut essayer plus vite. Après, elle reste dans la cabine .... moi, je vais choisir quelques articles. Pas mal non ? .... ça marchera, on continuera comme ça. »

⬤ **COMPTEZ VOS POINTS**

Vous avez **plus de 30 points** : BRAVO ! C'est très bien. Vous pouvez passer à l'unité suivante.
Vous avez **plus de 20 points** : C'est bien, mais regardez vos erreurs, cherchez les réponses possibles dans les leçons et refaites le test. Ensuite, passez à l'unité suivante.
Vous avez **moins de 20 points** : Vous n'avez pas bien mémorisé cette unité, reprenez-la, puis recommencez l'autoévaluation. Bon courage !

REVISITER LE PASSÉ

1. Imiter

■ **OBJECTIF FONCTIONNEL :** Déclarer son impuissance face à un événement – Faire des hypothèses dans le passé – Faire des reproches – Exprimer des regrets (1).

■ **OUTILS :** Le conditionnel passé – Quelques sigles en relation avec le monde du travail.

■ **1** ■ *Répondez.* 🎧 ÉCOUTE 1
• *Quel est le point commun de tous ces dialogues ?*
• *Notez les expressions qui expriment ce point commun. Expliquez leur utilisation.*

....
....
....
....

■ **2** ■ *Imaginez les situations.*
• *Pour chaque mini-dialogue, imaginez la situation et qui parle.*
• *Discutez avec les autres apprenants pour vous mettre d'accord.*

■ **3** ■ *Complétez les dialogues et jouez les scènes.*
• *Avec votre partenaire, imaginez un début et une suite à ces dialogues.*

....
....
....
....
....
....
....
....
....
....

• *Jouez les scènes. N'oubliez pas d'utiliser les éléments de l'écoute.*

OUTILS

Déclarer son impuissance face à un événement négatif
• Il n'y a rien à faire/on n'y peut rien/qu'est-ce que tu veux y faire ?/ que veux-tu que j'y fasse ?
• C'est comme ça/c'est comme ça que ça devait finir/ça devait arriver/c'est la vie !
• Il faut se faire une raison = Il faut prendre les choses comme elles sont.

■ **4** ■ *Faites passer la parole.*
• *Comme dans l'exemple, imaginez une situation en deux répliques.*

Exemple : **A** – Tu sais qu'Olivier a raté son examen ?
        B – Oui, il me l'a dit. Qu'est-ce que tu veux y faire ? Il le repassera l'année prochaine !

■ 5 ■ *Informez-vous.* 🎧 ÉCOUTE 2

• *De quoi parlent-ils ? Prenez des notes.*

....

....

....

• *Discutez avec les autres apprenants pour contrôler ou compléter vos informations.*

■ 6 ■ *Jouez la scène.*

Une jeune fille : Bon, qu'est-ce que je fais maintenant ? Quand mes parents vont me voir en couverture de
ce magazine, je vais avoir des problèmes.

Une femme : Qu'est-ce que tu veux y faire ? …

OUTILS

Le conditionnel passé

• **Le conditionnel passé pour faire des hypothèses dans le passé.**
Il aurait fait beau hier, je serais sorti(e) et je me serais promené(e) au bord de la mer.

• **Le conditionnel passé pour faire des reproches sur des actions passées.**
Avec *devoir, pouvoir, mieux faire* :
– Vous *auriez dû* faire ce travail plus sérieusement !   – Tu *n'aurais pas dû* partir !
– Vous *auriez pu* vous appliquer davantage !   – Tu *n'aurais pas pu* répondre plus poliment ?
– Tu aurais *mieux fait* de ne rien dire !

■ 7 ■ *Dialoguez.*

• *Deux anciens amis de jeunesse se retrouvent après quelques années de séparation.*

• *Choisissez un personnage, adoptez son mode de pensée et faites des reproches à votre ami sur ses choix de vie.*

• *Préparez vos idées.*

....

....

....

....

....

....

....

....

• *Jouez la scène avec votre partenaire.*

■ 8 ■ *Informez-vous.* 🎧 ÉCOUTE 3

• *Qui sont les deux personnes qui parlent ? De quoi parlent-elles ?*

• *Relevez les phrases utilisées pour exprimer des regrets.*

....

....

....

• *Discutez avec les autres apprenants pour contrôler ou compléter vos informations.*

OUTILS

Exprimer des regrets

J'aurais dû + verbe à l'infinitif.   *J'aurais dû mieux travailler.*
Il aurait fallu que + phrase au subjonctif.   *Il aurait fallu que je sois plus sérieux.*
J'aurais mieux fait de + verbe à l'infinitif   *J'aurais mieux fait de me taire.*
Je regrette de + verbe à l'infinitif passé.   *Je regrette d'avoir fait des bêtises.*
Je regrette de ne pas + verbe à l'infinitif passé.   *Je regrette de ne pas être allé à l'université.*

• J'ai fait une erreur, j'ai fait une bêtise, je le regrette/je le déplore/*je m'en mords les doigts.

■ 9 ■ *Interprétez.*

• *Au moment de faire le bilan de leurs vies, ils ont quelques regrets.*

• *Choisissez un rôle et préparez vos idées.*

....

....

....

....

....

....

....

• *Jouez la scène avec votre partenaire.*

■ **10** ■ *Interprétez.*

- *Votre bateau a fait naufrage et vous avez échoué sur cette île déserte seul ou en couple. Vous discutez de votre vie passée avec vos compagnons d'infortune.*
- *Exprimez vos regrets et éventuellement vos reproches aux gens qui vous entourent.*
- *Imaginez la vie et les regrets de votre personnage.*
- *Notez vos idées.*

....
....
....
....
....
....
....

- *Jouez la scène en groupe.*

■ **11** ■ *Informez-vous et informez-nous.*

• *Lisez le texte.*

La peur du chômage

Malgré les différentes mesures politiques prises par les gouvernements successifs, de gauche comme de droite, le chômage reste un problème important dans la société française. Les personnes les plus touchées par ce fléau sont les jeunes, particulièrement s'ils n'ont pas de formation, et les personnes âgées de plus de 50 ans.

Depuis une vingtaine d'années, le taux de chômeurs avoisine les 10 % de la population active. Que faire pour le réduire significativement ? Tous les hommes politiques se cassent la tête sur ce problème, mais la plupart s'y cassent aussi les dents.

Les chômeurs reçoivent une allocation qui leur permet de subvenir à leurs besoins. Mais après quelques mois ou quelques années, tout dépend de l'âge de la personne et du temps pendant lequel elle a travaillé, cette allocation se transforme en RMI. C'est une aide financière appréciable, mais bien inférieure au SMIC et donc insuffisante pour vivre. Si le RMiste n'a pas un entourage familial capable de le soutenir, il risque alors de devenir SDF. Une fois dans la rue, il devient vraiment très difficile de décrocher un contrat de travail, que ce soit un CDD ou un CDI.

Les Français, qui attendent beaucoup de l'État, espèrent que les hommes politiques finiront par trouver une solution efficace à ce problème. Mais « l'État providence » a-t-il de l'avenir ? ■

• *Discutez avec les autres apprenants pour contrôler votre compréhension du texte.*

• *Comme dans le document, présentez la situation dans votre pays.*

■ **12** ■ *Discutez.*

• *Répondez aux questions pour préparer la discussion.*

1. Vous sentez-vous personnellement menacé par le chômage ? Pourquoi ?

....

2. Comment réagiriez-vous si vous deviez être au chômage pour une période assez longue ?

....

3. Qu'est-ce qui est plus important que le travail dans votre vie ?

....

4. Pensez-vous qu'il faille changer plusieurs fois de travail dans une vie ?

....

5. Quelle serait pour vous la profession idéale ? Pourquoi ?

....

6. Quelle profession vouliez-vous exercer quand vous étiez enfant ? Pourquoi ?

....

7. Le travail a-t-il la même importance pour les hommes que pour les femmes ?

....

8. Dans certains pays, les jeunes travaillent pendant les vacances ou le week-end pour gagner un peu d'argent de poche. Pensez-vous que c'est bien ? Avez-vous fait cette expérience ?

....

• *Donnez votre opinion. Discutez avec les autres apprenants.*

Quelques sigles en relation avec le monde du travail
- Le RMI = revenu minimum d'insertion. Il est alloué aux personnes sans revenus de plus de 25 ans.
- Un Rmiste = un bénéficiaire du RMI.
- Le SMIC = le salaire minimum interprofessionnel de croissance. Le salaire le plus bas autorisé.
- Un SDF = un sans domicile fixe. Une personne qui vit dans la rue.
- Un CDD = un contrat de travail à durée déterminée (limité dans le temps).
- Un CDI = un contrat à durée indéterminée (sans limite dans le temps).

Expressions.
- se casser la tête = faire des efforts pour trouver des idées.
- se casser les dents = ne pas réussir à résoudre un problème.
- *se casser = partir ou faire un effort (Il *s'est cassé = il est parti./ Il ne *s'est pas cassé pour préparer son exposé = il n'a pas fait beaucoup d'efforts pour préparer son exposé) (très familier).

■ 13 ■ *Discutez.*

- *Les gouvernements de droite et de gauche qui se sont succédé au pouvoir n'ont pas réussi à supprimer le chômage en France. Les hommes et les femmes politiques ont décidé de se rencontrer pour trouver ensemble une solution. Mais le débat est difficile car chaque groupe fait des reproches à l'autre au sujet de sa politique passée.*

- *Faites deux groupes:*
- *Les politiciens de gauche qui souhaitent trouver une solution basée sur les principes de solidarité.*
- *Les politiciens de droite qui souhaitent trouver une solution basée sur le libéralisme économique.*

- *Par groupe, préparez les reproches, les regrets et les propositions que vous allez exprimer dans le débat. Choisissez les points sur lesquels vous allez intervenir.*

- *Faites le débat tous ensemble.*

REFAIRE LE MONDE AVEC DES « SI »   *1. Imiter*

■ **OBJECTIF FONCTIONNEL :** Rassurer quelqu'un – Exprimer des regrets (2) – Faire des hypothèses dans le passé.

■ **OUTILS :** La phrase hypothétique au plus-que-parfait suivie des conditionnels présent et passé – L'Europe.

■ 1 ■ *Répondez.* 🎧 ÉCOUTE 1

• *Quel est le point commun de tous ces dialogues ?*

• *Notez les expressions qui expriment ce point commun.*

....

....

....

....

■ 2 ■ *Imaginez les situations.*

• *Pour chaque mini-dialogue, imaginez la situation et qui parle.*

• *Discutez avec les autres apprenants pour vous mettre d'accord.*

■ 3 ■ *Complétez les dialogues et jouez les scènes.*

• *Avec votre partenaire, imaginez un début et une suite à ces dialogues.*

....

....

....

....

....

....

....

....

• *Jouez les scènes. N'oubliez pas d'utiliser les éléments de l'écoute.*

OUTILS

Rassurer quelqu'un
• Ne t'inquiète pas/ne vous inquiétez pas.
• Ne te fais pas de soucis/ne vous faites pas de soucis = *ne te fais pas de bile.
• Ne t'en fais pas/ne vous en faites pas.
• N'aie pas peur/n'ayez pas peur. – Ne crains rien/ne craignez rien.
• Ne t'affole pas/ne vous affolez pas. – Pas de panique !
• Rassure-toi/rassurez-vous.
• Tu n'as rien à craindre ! Sois tranquille. Tout ira bien. Ça va s'arranger.

■ 4 ■ Faites passer la parole.

• *Comme dans l'exemple, imaginez une situation en trois répliques.*

Exemple :   **A** – Tu sais où est Romain ?

  B – Pas du tout ! Mais, ne t'inquiète pas, s'il avait un problème, on le saurait.

  A – Rassure-toi, je ne m'inquiète pas pour lui.

■ 5 ■ Informez-vous. 🎧 ÉCOUTE 2

• *De quoi parlent-ils ? Prenez des notes.*

....

....

....

• *Discutez avec les autres apprenants pour contrôler ou compléter vos informations.*

■ 6 ■ Jouez la scène.

Un homme :   Voilà, c'est là. Je vais me garer en face.

Une femme :   Comment c'est là… mais… c'est un hôtel ? Et un quatre étoiles au moins !

OUTILS

Exprimer des regrets

Si j'avais su/si j'avais été au courant
Si on m'avait dit ça/si on m'avait prévenu

+ verbe au conditionnel passé

Si j'avais su, j'aurais pris le bus, je serais allé(e) à la mer et je me serais baigné(e) toute la journée.

■ 7 ■ Dialoguez.

• *Choisissez un personnage et imaginez ses regrets.*

• *Préparez vos idées.*

....

....

....

....

....

....

....

....

• *Jouez les scènes avec votre partenaire. L'un exprime ses regrets et l'autre tente de le rassurer.*

■ **8** ■ *Informez-vous.* 🎧 ÉCOUTE 3

• *Notez les différentes utilisations de la phrase hypothétique avec « si ».*

....

....

....

• *Discutez avec les autres apprenants pour contrôler ou compléter vos informations.*

OUTILS

Faire des hypothèses dans le passé

• **Si + verbe au plus-que-parfait → phrase au conditionnel passé**
(l'hypothèse et sa conséquence sont dans le passé)
Si tu avais eu plus de temps libre, nous aurions voyagé.

• **Si + verbe au plus-que-parfait → phrase au conditionnel présent**
(l'hypothèse est dans le passé mais sa conséquence est dans le présent)
Si nous avions eu des enfants, nous aurions des petits-enfants maintenant.

■ **9** ■ *Imaginez.*

• *Qu'auriez-vous fait si … ?*

• *Continuez cette série de phrases. Une phrase par apprenant.*
Si j'avais toujours écouté mes parents, je n'aurais jamais fait de bêtises.
Si je n'avais jamais fait de bêtises, j'aurais été différent des autres enfants.
Si j'avais été différent des autres enfants, je serais souvent resté seul(e).

Si j'étais ....

• *Proposez d'autres phrases de départ et, en groupe, imaginez d'autres séries.*

....

....

....

■ **10** ■ *Discutez.*

• *Imaginez quelle aurait été votre vie si vous aviez été un homme (pour les femmes), une femme (pour les hommes).*

• *Préparez vos idées pour chaque proposition et discutez avec les autres apprenants.*

....

....

....

....

- *Et si vous aviez été un animal, quel animal auriez-vous aimé être ?*
- *Préparez votre explication en commençant par : « Si j'avais été un… »*

....

....

....

- *Expliquez votre choix aux autres apprenants. Posez-leur des questions sur leur choix.*

■ 11 ■ *Imaginez.*

- *Qu'auriez-vous fait si vous étiez né dans un autre pays, dans une autre culture ?*

- *Par deux, choisissez un des dessins proposés et imaginez la vie que vous auriez menée si vous aviez vécu dans cette culture.*
- *Préparez vos idées.*

....

....

....

....

....

- *Présentez vos idées aux autres apprenants. Posez-leur des questions sur leurs choix.*

■ **12** ■ *Informez-vous et informez-nous.*

• *Lisez le texte.*

> **Français et Européen**
>
> Après la Seconde Guerre mondiale, l'Europe en ruines doit se reconstruire. En 1952, six pays se regroupent pour constituer la CECA, Communauté Européenne du Charbon et de l'Acier : la Belgique, la France l'Italie, le Luxembourg, les Pays-Bas et la République Fédérale d'Allemagne (RFA). En 1957, la CECA est remplacée par la CEE, Communauté Économique Européenne, qui devient en 1992 l'Union Européenne (UE).
>
> En 2006, l'Union Européenne compte 25 états membres et 450 millions d'habitants. D'autres pays candidats s'apprêtent à la rejoindre. Les Européens se sont rassemblés autour de valeurs communes basées sur l'économie de marché, la démocratie mais aussi le respect de l'être humain. L'UE nous a apporté une monnaie commune, l'euro qui est un symbole fort de l'union, mais aussi une plus grande liberté de voyager, d'étudier et de travailler partout en Europe. Cependant, les Européens gardent un fort attachement à leur pays et l'union ne signifie pas que tous les pays doivent devenir identiques. Si les frontières sont tombées, les mentalités, les cultures et les langues restent différentes. Chaque pays garde ses spécificités liées à son histoire et à ses traditions et contribue ainsi à la richesse culturelle de tous. ■

• *Discutez avec les autres apprenants pour contrôler votre compréhension du texte.*

• *Votre pays appartient-il à l'UE ? Si oui, qu'en pensez-vous ? Si non, appartient-il à une autre union commerciale ou politique ? Expliquez.*

■ **13** ■ *Discutez*

• *Répondez aux questions pour préparer la discussion.*

1. Connaissez-vous les 25 pays qui constituent l'Europe en 2006 ?

....

2. Choisissez quelques pays d'Europe et cherchez leurs spécificités. Caractère des habitants, mode de vie, cuisine…

....

....

....

3. Existe-t-il des caractéristiques communes à tous les Européens ?

....

....

• *Donnez votre opinion. Discutez avec les autres apprenants.*

OUTILS

L'Europe

• L'Europe a des institutions communes : le Conseil, la Commission, le Parlement, La Cour de justice et la Cour des comptes.

• L'économie de marché : la production et les prix sont liés à l'offre et à la demande ≠ économie dirigée, économie planifiée.

• Des valeurs : principes de référence d'une collectivité. Des valeurs morales, esthétiques.

■ **14** ■ *Discutez.*

• *Auriez-vous aimé vivre en France à une autre époque?*

• *Discutez avec les autres apprenants et mettez-vous d'accord.*
   – À quelle époque de l'histoire de France se situe chacune de ces scènes?
   – Qu'est-ce qui, selon vous, caractérise chacune de ces époques?

• *Choisissez l'époque à laquelle vous auriez aimé vivre et imaginez ce qu'aurait été votre vie.*
   – Qui auriez-vous aimé être?
   – Où auriez-vous habité?
   – Quelles auraient été vos activités quotidiennes?
   – Auriez-vous eu une famille, des amis?
   – En quoi votre vie aurait-elle été différente de votre vie actuelle?

• *Expliquez aux autres apprenants pourquoi vous avez fait ce choix.*

• *Trouvez les côtés négatifs des choix des autres apprenants et essayez de les convaincre que l'époque que vous avez choisie est la plus intéressante.*

MULTIPLIER LES HYPOTHÈSES

1. Imiter

■ **OBJECTIF FONCTIONNEL :** Prendre la parole – Faire des hypothèses.

■ **OUTILS :** L'expression de l'hypothèse avec « si » et avec les conjonctions – Le monde du cinéma.

■ **1** ■ *Répondez.* 🎧 ÉCOUTE 1

• *Quel est le point commun de tous ces dialogues ?*

• *Notez les expressions qui expriment ce point commun.*

....

....

....

....

■ **2** ■ *Imaginez les situations.*

• *Pour chaque mini-dialogue, imaginez la situation et qui parle.*

• *Discutez avec les autres apprenants pour vous mettre d'accord.*

■ **3** ■ *Complétez les dialogues et jouez les scènes.*

• *Avec votre partenaire, imaginez un début et une suite à ces dialogues.*

....

....

....

....

....

....

....

....

• *Jouez les scènes. N'oubliez pas d'utiliser les éléments de l'écoute.*

OUTILS

Prendre la parole

• Je peux dire un mot ? Je peux ajouter quelque chose ? Je peux prendre la parole ?

• Si vous permettez (si tu permets), je voudrais dire quelque chose/je voudrais intervenir.

• Désolé de vous interrompre, je…/désolé de t'interrompre, …

• Excusez-moi de vous couper la parole, je…/Excuse-moi de te couper la parole, …

• Je vous demande pardon mais…/Je te demande pardon mais…

• Laissez-moi parler s'il vous plaît ! (agressif)/Laisse-moi parler s'il te plaît !

■ **4** ■ *Faites passer la parole.*

• *Comme dans l'exemple, imaginez une situation à trois personnages et en trois répliques.*

Exemple : **A** – Je vais au cinéma, tu viens avec moi ?

B – Oui, d'accord, c'est une bonne idée mais je dois…

C – Excusez-moi de vous interrompre, mais vous n'auriez pas la monnaie de deux euros, s'il vous plaît ?

■ **5** ■ *Informez-vous.* 🎧 ÉCOUTE 2

• *Qui sont les deux personnages et de quoi parlent-ils ?*

• *Notez les formes utilisées pour exprimer des hypothèses.*

....

....

....

• *Discutez avec les autres apprenants pour contrôler ou compléter vos informations.*

■ **6** ■ *Jouez la scène.*

Une femme : Et si on invitait mes parents le week-end prochain, ce serait une bonne idée non ?
Un homme : Ben… je ne sais pas moi, …

OUTILS

Faire des hypothèses pour le présent ou pour l'avenir (1)
• **Si + verbe au présent** (hypothèse probable)
   Si le train arrive à l'heure, elle sera là avant midi.

• **Si + verbe à l'imparfait** → verbe au conditionnel présent (hypothèse peu probable)
   Si tu m'invitais à dîner, j'accepterais.

• **Deux verbes au conditionnel** (hypothèse peu probable)
   Vous lui écririez, je suis sûr qu'il vous répondrait.

• **Dans l'hypothèse où** + verbe au conditionnel présent
   Dans l'hypothèse où on prendrait le train, il faudrait réserver les places à l'avance.

• **Au cas où/dans le cas où/pour le cas où** + verbe au conditionnel présent
   (L'hypothèse introduite a un sens plutôt négatif)
   Au cas où je serais en retard, ne m'attends pas.

■ **7** ■ *Échangez des idées.*

• *Vous voulez voyager pendant quelques mois et vous avez besoin d'argent.*

• *Par deux, faites des hypothèses pour trouver cet argent.*

• *Complétez les propositions.*

> ### Jouer au loto.
>
> ### Faire des heures supplémentaires au travail.
>
> ### Vendre les bijoux de famille.
>
> ### Faire de la musique sur la place publique.
>
> ....
>
> ....
>
> ....
>
> ....

• *Discutez avec votre partenaire de chacune des propositions et faites un choix commun.*

■ **8** ■ *Interprétez.*

« En supposant qu'on fasse réparer
la voiture, on pourrait essayer
de la revendre. »

« En admettant qu'on réussisse
à la vendre, on achèterait deux vélos
pour aller se promener. »

« Je suis d'accord pour le vélo,
à moins qu'il pleuve. »

• *Pouvez-vous formuler d'une autre façon les trois hypothèses contenues dans ces trois dessins ?*

• *Par groupes de deux, imaginez d'autres séries d'hypothèses sur le même modèle.*

....

....

....

• *Jouez les scènes.*

OUTILS

Faire des hypothèses pour le présent ou pour l'avenir (2)
• **En supposant que/en admettant que** + verbe au subjonctif
  En supposant que Marie ait besoin de nous, nous irions l'aider.
• **À moins que** + verbe au subjonctif = **sauf si** + verbe à l'indicatif
  Nous irons à la plage *à moins qu*'il (ne) fasse trop froid.
  Nous irons à la plage *sauf s*'il fait trop froid.

■ **9** ■ *Interprétez.*

• *Le directeur de votre école a disparu depuis quelques jours. Imaginez les causes possibles de sa disparition.*

....

....

....

....

• *Présentez vos hypothèses et discutez-en avec les autres apprenants.*

■ **10** ■ *Discutez.*

- *En groupe, vous partez faire le tour de l'Europe en minibus.*
- *Faites des hypothèses sur :*
  – *les choses que vous devriez emporter,*
  – *les pays et les villes que vous aimeriez visiter,*
  – *les choses que vous pourriez faire avant, pendant et après le voyage.*
- *Préparez vos idées.*

....
....
....
....
....
....
....

- *Discutez avec les autres apprenants et mettez-vous d'accord sur un projet.*

■ **11** ■ *Informez-vous et informez-nous.*

• *Lisez le texte.*

> **Zoom sur le septième art**
>
> Lorsqu'en 1895 Louis et Auguste Lumière inventent le cinématographe, nul n'imagine l'importance que prendra « le septième art » quelques décennies plus tard. Malgré la domination mondiale du cinéma américain, le cinéma européen en général, et français en particulier, garde les faveurs d'un large public national. Bien qu'il dispose de beaucoup moins de moyens que le géant américain, le cinéma français exporte une vingtaine de films par an. Plus souvent film d'analyse que film d'action, ce cinéma est souvent qualifié d'intimiste même si de nombreux films n'entrent pas dans cette catégorie.
> Certains d'entre eux ont franchi avec succès les frontières de l'hexagone, comme récemment, Le fabuleux destin d'Amélie Poulain de Jean-Pierre Jeunet en 2001 ou encore La marche de l'empereur, film documentaire sur les manchots de Luc Jacquet en 2005.
> Mais le cinéma étranger trouve aussi grâce aux yeux des spectateurs français qui se divisent en deux catégories : les inconditionnels de la VO (version originale) et les adeptes du doublage. Chaque année, le Festival de Cannes attire des réalisateurs et des acteurs de toutes nationalités venus concourir pour la Palme d'or. Vitrine du cinéma international avec 79 pays représentés par des journalistes en 2005, Cannes est également un grand marché du film et du court métrage. ■

• *Discutez avec les autres apprenants pour contrôler votre compréhension du texte.*

• *Comme dans le document, présentez la situation du cinéma dans votre pays.*

■ **12** ■ *Discutez.*

• *Répondez aux questions pour préparer la discussion.*

1. Connaissez-vous des films français ? Lesquels ? Qu'en pensez-vous ?

....

2. À votre avis, pourquoi le cinéma américain est-il le plus populaire dans le monde entier ?

....

3. Quel genre de film aimez-vous ? Quel est le film dont vous gardez le meilleur souvenir ? Pourquoi ?

....

4. Préférez-vous voir les films au cinéma ou en DVD ?

....

5. Préférez-vous les petits cinémas indépendants ou les grands cinémas à salles multiples dans lesquels vous pouvez aussi boire et manger ?

....

• *Donnez votre opinion. Discutez avec les autres apprenants.*

OUTILS

Le monde du cinéma

• Un film comique, policier, fantastique, romantique, historique, engagé, d'aventure, d'épouvante, d'horreur, de science-fiction. Un film d'animation. Un dessin animé.

• Le réalisateur fait le film – Le scénariste écrit le scénario – Le producteur s'occupe du financement du film. La scripte, l'ingénieur du son, l'éclairagiste, le monteur.

■ 13 ■ *Mettez-vous d'accord.*

- *Par petits groupes, vous allez imaginer la trame d'une série télévisée. Vous ferez des propositions et vous réfléchirez aux conséquences des hypothèses proposées.*
- *Choisissez le milieu auquel appartiendront les principaux personnages de votre série :*
  - *– une famille,*
  - *– une bande de copains,*
  - *– des collègues de travail, etc.*
- *Choisissez où se passera votre histoire :*
  - *– à la ville, à la campagne, en France …*
  - *– dans une propriété familiale, dans un quartier particulier, dans une école, dans une entreprise…*
- *Choisissez vos personnages principaux et les relations qu'ils auront les uns avec les autres :*
  - *– leur âge, leur caractère, leurs goûts …*
  - *– leurs liens familiaux, affectifs, professionnels*
- *Imaginez le type d'intrigues qui vont se nouer dans votre histoire :*
  - *– histoires d'amour,*
  - *– problèmes d'argent,*
  - *– rivalités familiales, amoureuses ou professionnelles,*
  - *– querelles de famille…*
- *Quand vous aurez fait vos choix, présentez votre série aux autres groupes.*
- *Discutez en groupe pour choisir l'idée la plus intéressante.*
- *Trouvez un titre pour la série choisie et proposez des acteurs pour tenir les rôles des personnages principaux.*

Donnez la réplique ou complétez le récit.

Attention, vous ne devez pas utiliser deux fois la même réponse.

« Regarde ! La neige a cassé les branches de l'olivier ! Quel dommage ! Qu'est-ce qu'on peut faire ? »

1. « .... »

2. « .... »

3. « .... »

4. « .... »

« Tu as bien préparé ton examen ? »
« J'ai un peu relu les cours, c'est tout. »

5. « Tu n'es vraiment pas sérieux ! Tu .... ,

6. et puis tu ....

7. Enfin, tu .... »

« Maintenant que je suis vieux, je comprends que j'ai fait beaucoup d'erreurs dans ma vie.

8. Je .... ,

9. je .... ,

10. je .... ,

11. il .... »

12. 13. 14. – « Avant, Nicolas travaillait. Il touchait le salaire minimum, le ....

.... Mais il y a deux ans, il a perdu son travail. Il a aussi perdu son logement, et main-

tenant il est .... Pour vivre, il ne reçoit plus que le .... ,

c'est très insuffisant. »

« Oh ! J'ai perdu les clés du bureau ! Le patron va être furieux ! »

15. « .... »

16. « .... »

17. « .... »

18. « .... »

« J'ai travaillé toute ma vie dans cette entreprise ! Et maintenant, le patron me licencie !

19. Si j'avais su, j'aurais .... ,

20. je serais .... ,

21. et je me serais .... » »

« Tu sais, je n'ai pas répondu à la petite annonce dont je t'avais parlé. Maintenant, je le regrette.

22. Si ....

23. et maintenant, ... »

24. « Bien sûr, tu ....

25. « Fabrice et toi, vous ne vous entendrez jamais. Vous n'avez pas les mêmes .... »

« Bien, je crois qu'il n'y a rien à ajouter sur ce sujet. Je vous propose de passer à autre chose. »

26. « .... »

27. « .... »

28. « .... »

29. « .... »

« Pour aller à Paris, on pourrait prendre le train plutôt que la voiture. Qu'en pensez-vous ? »

30. « .... »

31. « .... »

32. « .... »

33. « .... »

« Pour les vacances, on pourrait peut-être aller faire du ski dans les Pyrénées. Non ? »

34. « .... »

35. « .... »

36. « .... »

37. « .... »

« Quel genre de film tu préfères ? »

38. « Moi, j'adore .... et .... »

39. « Moi je préfère .... et .... »

40. « Et moi, j'aime .... et .... »

COMPTEZ VOS POINTS

Vous avez **plus de 30 points** : BRAVO ! C'est très bien. Vous pouvez passer à l'unité suivante.
Vous avez **plus de 20 points** : C'est bien, mais regardez vos erreurs, cherchez les réponses possibles dans les leçons et refaites le test. Ensuite, passez à l'unité suivante.
Vous avez **moins de 20 points** : Vous n'avez pas bien mémorisé cette unité, reprenez-la, puis recommencez l'autoévaluation. Bon courage !

DONNER SON SENTIMENT

1. Imiter

> ■ **OBJECTIF FONCTIONNEL :** Donner un avis positif ou négatif – Donner son sentiment sur quelque chose.
>
> ■ **OUTILS :** La construction verbale avec le pronom sujet « ça », mis pour un nom ou pour une phrase – Les jeux d'argent.

■ 1 ■ *Répondez.* 🎧 ÉCOUTE 1

• *Notez les verbes et les expressions utilisées pour donner un avis.*
• *Classez-les en fonction de leur caractère positif ou négatif.*

....

....

....

....

■ 2 ■ *Imaginez les situations.*

• *Pour chaque mini-dialogue, imaginez la situation et qui parle.*
• *Discutez avec les autres apprenants pour vous mettre d'accord.*

■ 3 ■ *Complétez les dialogues et jouez les scènes.*

• *Avec votre partenaire, imaginez un début et une suite à ces dialogues.*

....

....

....

....

....

....

....

....

....

• *Jouez les scènes. N'oubliez pas d'utiliser les éléments de l'écoute.*

OUTILS

Donner un avis

DONNER UN AVIS POSITIF	DONNER UN AVIS NÉGATIF
J'approuve (qqch. ou qqn.)	Je désapprouve (qqch. ou qqn.)
Je n'ai pas d'objection / je ne vois pas d'objection	Je réprouve / Je condamne (qqch. ou qqn.)
Je suis pour / Je n'ai rien contre (qqch. ou qqn.)	Je suis contre (qqch. ou qqn.)
Je suis d'accord (avec qqch. ou qqn.)	Je ne suis pas d'accord (avec qqch. ou qqn.)
Je suis de votre (ton) avis.	Je ne suis pas de votre (ton) avis.
Qqch. me convient.	Qqch. ne me convient pas.
Je ne trouve rien à redire (à qqch. ou qqn.)	
J'apprécie (qqch. ou qqn.)	

■ 4 ■ *Faites passer la parole.*

• *Comme dans l'exemple, imaginez une situation en deux répliques.*

Exemple :   **A** – J'approuve totalement la décision du Président.
           B – Je ne suis pas du tout d'accord. Je suis contre cette loi.

■ 5 ■ *Informez-vous.* 🎧 ÉCOUTE 2

• *Notez les réactions de chacune des femmes par rapport au sujet dont elles parlent.*

....
....
....

• *Discutez avec les autres apprenants pour contrôler ou compléter vos informations.*

■ 6 ■ *Jouez la scène.*

Une femme A :   Tu as vu le match de foot hier à la télé ?
Une femme B :   Tu plaisantes ? Le foot, …

OUTILS

Donner son sentiment sur quelque chose (1). Le pronom « ça » remplace un nom

• **Ça** est le **sujet du verbe**.
Le sport m'intéresse = Le sport, ça m'intéresse. Ça intéresse aussi les enfants.
Cette dispute, ça me fatigue, ça ne te regarde pas, ça lui plaît, ça les ennuie, …

• **Avec le verbe « faire » suivi d'un verbe à l'infinitif**
Le cinéma, ça me fait rire, ça te fait pleurer, ça le fait rêver, ça la fait réfléchir, …

• **Avec le verbe « faire » suivi d'un nom dans quelques expressions :**
Les souvenirs, ça me fait peur, ça te fait mal, ça lui fait de la peine, ça leur fait plaisir…

• **Avec le verbe « rendre » suivi d'un adjectif.**
La musique, ça me rend triste, ça te rend fou, ça le rend nerveux, ça la rend malade, …

■ 7 ■ *Dialoguez.*

• *Quelles réactions provoquent chez vous ces différentes choses ? Ça vous choque, ça vous calme, ça vous gêne… ? Êtes-vous d'accord avec les réactions de votre partenaire ?*

• *Notez vos premières réactions.*

La musique classique	....
La télé réalité	....
Les familles nombreuses	....
La mode	....
La publicité	....
Les fêtes foraines	....
Les jeux de société	....
Les gens timides	....

• *Sous forme de conversation, discutez avec votre partenaire de chacun des thèmes proposés.*

■ **8** ■ *Informez-vous et interprétez.* 🎧 ÉCOUTE **3**

• *Quelle est la situation? Quelle est la relation entre les deux femmes?*

• *Notez les phrases construites avec « ça ».*

....

....

....

• *Discutez avec les autres apprenants pour contrôler ou compléter vos informations.*

• *Jouez la scène.*

Mme Lamart :   Vous savez, mademoiselle Breton, ça ne me plaît pas beaucoup cette histoire.

Melle Breton :   Mais c'est seulement pour une nuit, madame Lamart. Ça ne gênera personne…

OUTILS

Donner son sentiment sur quelque chose (2) Le pronom « ça » remplace une phrase

• Même personne pour le sujet et le pronom complément → (de + verbe à l'infinitif)
Je joue aux cartes, ça **me** plaît = Ça me plaît **de jouer** aux cartes

• Le sujet et le pronom complément ne sont pas la même personne → (que + verbe au subjonctif)
Il fait du sport, ça **m'**énerve. = Ça m'énerve **qu'il fasse** du sport.

■ **9** ■ *Interprétez.*

• *Ils ont l'air différents. Ont-ils les mêmes goûts?*

• *Par deux, choisissez un rôle et imaginez la suite de la conversation entre les deux personnes.*

• *Préparez vos idées.*

....

....

....

....

....

• *Jouez la scène avec votre partenaire.*

■ **10** ■ *Discutez.*

- *Pour moderniser votre village, le maire a fait appel à un architecte célèbre.*

  Vous êtes les habitants de ce village et vous découvrez son nouveau projet de construction.
- *Choisissez un rôle et une personnalité.*

  Exemples : Un petit commerçant conservateur, le maire du village, un artiste peintre excentrique, un agriculteur écologiste, un directeur d'école traditionnel, un éleveur de moutons rêveur, un employé de bureau modèle, une chanteuse lyrique à la retraite…
- *Imaginez les sentiments de votre personnage face à ce projet.*
- *Préparez vos idées.*

....

....

....

....

....

....

....

- *Jouez la scène avec les autres apprenants.*

■ **11** ■ *Informez-vous et informez-nous.*

• *Lisez le texte.*

La Française des Jeux se porte bien

Avec 8,5 milliards d'euros de chiffre d'affaires en 2004, la Française des Jeux se porte bien. Elle n'arrive pourtant qu'en quatrième place des opérateurs européens, derrière l'Italie, l'Espagne et l'Allemagne. Environ 28 % de ce chiffre d'affaires est reversé à l'État. Pour le reste, il faut gérer l'entreprise qui comporte plus de 42 000 points de vente et développe son activité en ligne et, bien sûr, payer les gains aux joueurs chanceux.

La Française des Jeux propose 25 jeux répartis en quatre catégories; les jeux de tirage, de grattage, les pronostics sportifs et enfin les jeux interactifs.

Le plus populaire est le Loto dont les gains ne sont surpassés que par ceux de l'Euromillion. Celui-ci rassemble les joueurs de 9 pays européens et détient actuellement le record du plus gros gain avec plus de 180 millions d'euros en 2005. Pour les heureux gagnants, la Française des Jeux propose un service d'accompagnement afin de les aider à gérer leur nouvelle fortune.

Bien qu'il n'y ait qu'une chance sur 13 millions de gagner au Loto, une famille a remporté deux fois le gros lot à 27 ans d'intervalle. Toutes les occasions sont bonnes pour encourager les joueurs à tenter leur chance. Le Loto mise sur la superstition des Français et ça marche : les parieurs sont presque trois fois plus nombreux les vendredis 13! Plus l'économie du pays va mal, plus les joueurs sont nombreux. Pour certains, cette part de rêve devient un cauchemar. Au lieu de les sortir de leurs difficultés, elle les y enfonce en créant une dépendance qu'ils ne peuvent plus maîtriser. ■

• *Discutez avec les autres apprenants pour contrôler votre compréhension du texte.*

• *Comme dans le document, présentez la situation dans votre pays.*

■ **12** ■ *Discutez.*

• *Répondez aux questions pour préparer la discussion.*

1. Connaissez-vous les autres jeux d'argent autorisés en France?

....

2. Qu'est-ce qui vous paraît excitant dans les jeux de hasard?

....

3. Êtes-vous joueur? À quelle occasion? Pour quel type de jeu?

....

4. Que pensez-vous du montant des gains du Loto?

....

5. Les jeux d'argent sont-ils dangereux? Faudrait-il les interdire?

....

6. L'argent a-t-il toujours la même valeur, qu'il soit gagné au jeu ou par le travail? Expliquez votre réponse.

....

7. Comment comprenez-vous ce proverbe : « L'argent n'a pas d'odeur »? Qu'en pensez-vous?

....

• *Donnez votre opinion. Discutez avec les autres apprenants.*

Les jeux d'argent

- En France, les jeux d'argent sont un monopole d'État, seul l'État peut gérer cette activité.
- Le PMU (pari mutuel urbain) organise les jeux de pronostics sur les courses de chevaux.
  Au PMU, on peut parier sur un cheval (engager de l'argent sur l'un des concurrents) = faire des paris. On joue aux courses. – Un parieur.
- Au casino, on peut miser 2 euros sur un numéro = mettre de l'argent en jeu pour gagner.
- *Gagner gros = gagner beaucoup d'argent. Gagner le gros lot = gagner la somme la plus élevée.
  Avoir de la chance = être chanceux = *avoir du bol.

■ 13 ■ *Discutez.*

- *Voici quelques exemples de jeux que vous pouvez acheter à la Française des Jeux.*

Millionnaire

Grattez, et si vous découvrez trois fois la même somme, vous avez gagné cette somme (de 2 € à 10 000 €).
Si vous découvrez trois symboles étoiles, vous êtes invité à la télévision pour faire tourner la roue de la chance (gain de 20 000 € à 1 000 000 €).

Tac o Tac gagnant à vie

Cinq jeux à gratter dont vous pouvez cumuler les gains.
Pour le dernier, grattez le soleil au centre du ticket.
Si vous découvrez 4 TV, vous passez à la télé et vous gagnez de 800 € par mois pendant 4 ans, à 20 000 € par mois à vie.

Numéro fétiche

Choisissez un ticket portant votre numéro fétiche (de 1 à 9).
Grattez vos trois numéros porte-bonheur et si vous découvrez au moins une fois ce numéro au grattage, vous remportez le montant inscrit sous le numéro gagnant. Vous pouvez cumuler les gains.

Super Bingo

Le ticket comporte 2 séries de 4 jetons grattables et 2 grilles de 12 cases. Pour gagner, vous devez retrouver sous les jetons au moins un des numéros découverts dans la grille correspondante. Une pastille Bonus vous permet de découvrir un numéro supplémentaire valable pour les 2 grilles (gain jusqu'à 5 000 €).

- *Lequel de ces jeux préférez-vous ? Donnez votre sentiment sur chacun de ces jeux. Discutez avec les autres apprenants et mettez-vous d'accord sur le jeu auquel vous pourriez jouer ensemble.*

- *Présentez le mode de fonctionnement d'autres jeux que vous connaissez.*

■ **OBJECTIF FONCTIONNEL :** Exprimer son opinion et ses doutes.

■ **OUTILS :** Indicatif et subjonctif dans l'expression de l'opinion et du doute – Problèmes et solutions – Question de confiance.

■ 1 ■ *Répondez.* 🎧 ÉCOUTE 1

• *Notez les formes utilisées pour introduire une opinion.*

....

....

....

....

■ 2 ■ *Imaginez les situations.*

• *Pour chaque mini-dialogue, imaginez la situation et qui parle.*

• *Discutez avec les autres apprenants pour vous mettre d'accord.*

■ 3 ■ *Complétez les dialogues et jouez les scènes.*

• *Avec votre partenaire, imaginez un début et une suite à ces dialogues.*

....

....

....

....

....

....

....

....

....

• *Jouez les scènes. N'oubliez pas d'utiliser les éléments de l'écoute.*

OUTILS

Exprimer son opinion, verbes introducteurs

Pour une phrase.

• *Je pense que / je crois que / il me semble que / j'ai l'impression que* → vous êtes étrangers.

• *Je trouve que / j'estime que* → vous parlez bien français. (opinion basée sur une évaluation)

• *Je suppose que / j'imagine que* → vous avez étudié le français. (opinion basée sur des faits considérés comme établis)

Pour un adjectif.

• Léo, *je le crois / je le trouve / je l'estime* → intelligent.
  (le pronom remplace une personne ou une idée) *Je crois / je trouve / j'estime* Léo intelligent.

• Ce canapé, *je le trouve confortable.*
  (le pronom remplace une chose) *Je trouve* ce canapé confortable.

• *Qqn. ou qqch. me paraît / qqn. ou qqch. me semble / qqn. ou qqch. m'a l'air* + adjectif.
  Tes amis me paraissent sympathiques. Ce projet me semble réaliste. Ce livre m'a l'air intéressant.

■ 4 ■ *Faites passer la parole.*

• *Comme dans les exemples, imaginez une situation en trois répliques.*

Exemples :   **A** – Ma voiture est en panne !
  B – J'imagine que tu l'as portée au garage ?
  A – Oui, mais j'ai l'impression que le mécanicien n'est pas très compétent.

  B – Tu connais Lucie ?
  C – Oui, il me semble que je l'ai déjà rencontrée chez toi. Pourquoi ?
  B – Je la trouve très mignonne. Je crois que je vais l'inviter à dîner.

■ 5 ■ *Échangez des impressions.*

• *Regardez les différents thèmes proposés. Qu'en pensez-vous ?*
• *Préparez vos idées.*

Les jeux à la télévision

Les qualités du conjoint idéal

La date de construction
de la tour Eiffel

....
....
....
....

La femme la plus
séduisante de la planète

La langue française

Les animaux domestiques

....
....
....

• *Sous forme de conversation, exprimez votre opinion et discutez avec votre partenaire de chacun des thèmes proposés.*

■ **6** ■ *Informez-vous et interprétez.* 🎧 ÉCOUTE 2

• *De quoi les deux personnes parlent-elles ?*

• *Quelles sont les opinions de chacune d'elles ?*

• *Notez les différentes constructions utilisées pour exprimer ces opinions.*

....

....

....

....

....

....

• *Discutez avec les autres apprenants pour contrôler ou compléter vos informations.*

• *Jouez la scène.*

Une femme :	Alors, cette pétition, tu la fais circuler oui ou non ?
Un homme :	J'hésite encore, je ne suis pas sûr que ce soit nécessaire.

OUTILS

L'utilisation du subjonctif dans l'expression de l'opinion et du doute

L'expression de l'opinion

• *Je trouve / il me semble / il me paraît* + **adjectif** + *que + phrase au subjonctif*
  Je trouve / il me semble / il me paraît *nécessaire que vous appreniez cette règle.*

L'expression du doute

• *Je ne suis pas sûr(e) que / je ne suis pas certain(e) que / je doute que + phrase au subjonctif*
  Je ne suis pas sûr / je ne suis pas certain / je doute qu'il vienne.

• *Je ne pense pas que / je ne crois pas que / je ne trouve pas que + phrase au subjonctif*
  Je ne pense pas que / je ne crois pas que / je ne trouve pas *que vous ayez l'air fatigué.*

■ **7** ■ *Interprétez.*

• *Ils rêvent tous deux de vacances mais ils ne savent pas quoi choisir.*

• *Chacun exprime son opinion et ses doutes.*

• *Choisissez un rôle et préparez vos idées.*

....

....

....

....

....

....

....

....

• *Jouez la scène avec votre partenaire.*

▨ **8** ▨ *Mettez-vous d'accord.*

• *Un nouveau quartier va être aménagé dans votre ville. Regardez les deux projets proposés et choisissez celui qui vous convient le mieux.*

• *Faites deux groupes en fonction du projet choisi.*

• *Préparez les raisons de votre choix.*

....

....

....

....

....

• *Donnez votre avis sur chacun des projets et débattez avec les autres apprenants pour faire le meilleur choix. Mettez-vous d'accord.*

■ **9** ■ *Informez-vous et informez-nous.*

• *Lisez le texte.*

Halte à l'hécatombe sur les routes !

Avec 4 990 morts par accident sur la route en 2005, le bilan s'améliore mais reste encore trop lourd. Un quart des victimes ont entre 15 et 24 ans. Vitesse et alcool sont les principales causes d'accident. Depuis quelques années, le gouvernement a décidé de prendre le problème à bras le corps.

Fin 2002, il décide de mettre en place des radars qui contrôlent la vitesse des automobiles, flashent celles qui ne la respectent pas et permettent ainsi de sanctionner les conducteurs qui contreviennent à la règle. La décision n'enchante pas les Français mais le résultat ne se fait pas attendre : en un an, la mortalité baisse de plus de 20 %. Fort de son succès, le gouvernement continue son action et, fin 2006, 2 000 radars seront en service sur les routes de France.

D'autre part, des campagnes de prévention sont organisées pour mettre en garde les jeunes contre l'alcool au volant. La dernière en date, « SAM », a pour objectif de sensibiliser ceux qui sortent le samedi soir et rentrent chez eux en voiture. SAM, c'est celui qui va ramener les copains, celui qui ne boira pas, celui auquel les autres font confiance. La campagne publicitaire de SAM se décline sur différents supports : un site Internet avec fonds d'écran à télécharger et jeux pour choisir le conducteur d'un soir, des affiches, des spots radio, des cartes postales, des bannières, des SMS et des informations dans les discothèques, les bars et les restaurants.

Autre solution, certains constructeurs envisagent d'installer un éthylomètre au volant des voitures. Pour démarrer, il faudrait d'abord souffler dans l'appareil. Si vous avez bu, la voiture refuse de se mettre en marche. Une idée à suivre, non ? ■

• *Discutez avec les autres apprenants pour contrôler votre compréhension du texte.*

• *Comme dans le document, présentez la situation dans votre pays.*

■ **10** ■ *Discutez.*

• *Répondez aux questions pour préparer la discussion.*

1. Quel est l'âge idéal pour apprendre à conduire ? Justifiez votre réponse.

....

2. Quelles sont les qualités nécessaires pour être un bon conducteur ?

....

3. Quel type de conducteur pensez-vous être ?

....

4. Hormis l'alcool, quelles sont selon vous les principales causes d'accidents chez les jeunes ?

....

5. Y a-t-il selon vous un groupe social plus dangereux au volant que les autres ? Pourquoi ?

....

6. En ville ou en voyage, quel est votre moyen de transport préféré ? Pourquoi ?

....

7. Selon vous, quelles mesures faudrait-il prendre pour réduire le nombre des accidents de la circulation ?

....

• *Donnez votre opinion. Discutez avec les autres apprenants.*

Problèmes et solutions
• Prendre un problème à bras le corps = s'attaquer à un problème
• Résoudre un problème = le *solutionner = en venir à bout.

Question de confiance
• Faire confiance à qqn., avoir confiance en qqn. – Pouvoir compter sur qqn.
• Se fier à qqn. ≠ Se méfier de qqn. Cette personne est fiable (on peut lui faire confiance)

■ **11** ■ *Discutez.*

Société

GRANDLUXE

*recrute chauffeur de classe
pour conduire personnalités
à travers la capitale*

Qualités requises :
*Conduite souple et rapide
Connaissance parfaite de la ville
Excellente présentation
Français châtié
Patience et disponibilité
Seconde et troisième langue appréciées*

**Salaire annuel proposé
48 000 euros nets**

Envoyer CV au journal
avec lettres de recommandation.
Annonce N° 121

• *Cette petite annonce vous intéresse ? Présentez-vous à la société Grandluxe.*
• *Choisissez une ou deux personnes pour représenter l'entreprise.*
  Les autres apprenants seront les candidats à l'emploi.
• *Les candidats doivent se présenter et expliquer pourquoi ils pensent être les plus aptes à occuper cet emploi.*
• *Après ces présentations, les candidats répondront en groupe aux questions des recruteurs.*
• *Les recruteurs organisent les présentations, posent des questions et choisissent finalement le meilleur candidat.*

RÊVER D'AUTRE CHOSE

1. Imiter

■ **OBJECTIF FONCTIONNEL :** Exprimer un désir, un espoir – Exprimer ses regrets, sa déception, sa satisfaction par rapport à des faits passés.

■ **OUTILS :** Le subjonctif passé – La célébrité.

■ **1** ■ *Répondez.* 🎧 ÉCOUTE 1

• *Qu'y a-t-il de commun dans tous ces dialogues ?*
• *Notez les expressions utilisées pour exprimer ce point commun.*

....
....
....
....

■ **2** ■ *Imaginez les situations.*

• *Pour chaque mini-dialogue, imaginez la situation et qui parle.*
• *Discutez avec les autres apprenants pour vous mettre d'accord.*

■ **3** ■ *Complétez les dialogues et jouez les scènes.*

• *Avec votre partenaire, imaginez un début et une suite à ces dialogues.*

....
....
....
....
....
....
....
....
....
....

• *Jouez les scènes. N'oubliez pas d'utiliser les éléments de l'écoute.*

OUTILS

Exprimer un désir, un espoir

Constructions suivies d'un subjonctif (2 sujets)	Constructions suivies d'un infinitif (1 seul sujet)
Pourvu que <u>mon ami vienne</u> !	*J'espère* <u>partir</u>
Je voudrais bien que…, J'aimerais bien que…	*Je voudrais bien…, J'aimerais bien…*
J'ai (bien / tellement) envie que…	*J'ai (bien / tellement) envie de…*
Ça me dirait (bien) que…, Ça me tenterait que…	*Ça me dirait (bien) de…, Ça me tenterait de…*
Ça me ferait (tellement) plaisir que…	*Ça me ferait (tellement) plaisir de…*
Je serais (tellement) content / heureux / que…	*Je serais (tellement) content / heureux de…*

• *J'espère que* + verbe à un temps de l'indicatif : *J'espère (bien)* que mon ami viendra.
• Verbe au conditionnel + bien : *Je prendrais bien* des petites vacances moi !

■ 4 ■ *Faites passer la parole.*

• *Comme dans les exemples, imaginez une situation en deux répliques.*

Exemples :   **A** – J'irais bien au cinéma moi !

          B – Moi aussi ça me dirait bien. J'espère qu'il y a un bon film.

          B – J'aimerais bien qu'on aille passer quelques jours au bord de la mer.

          C – Pourquoi pas ? On part ce week-end ? Pourvu qu'il fasse beau !

■ 5 ■ *Dialoguez.*

• *Choisissez les idées qui vous intéressent le plus parmi celles qui vous sont suggérées par les dessins et imaginez des souhaits correspondants.*

• *Préparez vos idées.*

• *Sous forme de conversation, discutez avec votre partenaire de chacun des souhaits choisis.*

■ 6 ■ *Informez-vous et interprétez.* 🎧 ÉCOUTE 2

• *De quoi les deux personnes parlent-elles ?*

• *Notez les verbes conjugués au subjonctif. Que remarquez-vous ?*

....

....

....

• *Discutez avec les autres apprenants pour contrôler ou compléter vos informations.*

• *Jouez la scène.*

Un homme : Alors, ta fille, tu as des nouvelles ?

Une femme : Non. J'aimerais tant qu'elle réussisse ; depuis le temps qu'elle cherche !

OUTILS

Le subjonctif passé

• **Formation**

L'auxiliaire avoir ou être au subjonctif présent + le participe passé du verbe

Je regrette *qu'il ait quitté* le salon, *qu'il soit parti* dans sa chambre et *qu'il se soit couché* sans rien dire.

• **Utilisation**

• Quand l'action du verbe de la subordonnée est antérieure à celle du verbe principal.

Je suis désolé *qu'il ait perdu* ses clés.   Je suis désolé (maintenant). Il a perdu ses clés (avant)

• Quand l'action du verbe au subjonctif est envisagée comme achevée avant une date limite.

Il est onze heures, je voudrais bien *qu'il soit parti* avant midi. (L'action doit être finie avant midi.)

■ 7 ■ *Imaginez.*

• *Aujourd'hui, c'est votre anniversaire. Quand vous avez quitté la maison ce matin, tout le monde dormait. Vous êtes donc parti sans voir personne mais vous espérez bien qu'une surprise vous attend ce soir.*

• *En rentrant chez vous après votre journée de travail, vous pensez à ce que vous allez découvrir lorsque vous allez pousser la porte de votre maison. Qu'est-ce que vous aimeriez que vos proches aient préparé pour vous ?*

• *Préparez vos idées.*

Exemple : Je serais content que ma famille et mes amis se soient réunis pour m'attendre…

....

....

....

....

....

....

....

....

....

• *Racontez vos espoirs aux autres apprenants.*

• *Discutez avec eux de leurs espoirs.*

• *Mettez-vous d'accord sur les meilleures idées.*

- *Ils rentrent chez eux après un séjour linguistique de deux mois à l'étranger.*

- *Avant de partir,*
- *Martial avait demandé à ses parents de refaire sa chambre,*
- *Stéphanie avait demandé à sa sœur de faire les soldes pour elle,*
- *Laurent avait demandé à son meilleur copain de lui trouver la voiture de ses rêves,*
- *Virginie avait demandé à son petit ami de leur trouver un nouvel appartement.*

- *Choisissez un rôle et préparez la liste de vos souhaits.*

....
....
....
....
....
....
....
....

- *Sous forme de conversation, racontez à vos amis ce que vous aimeriez que vos parents ou amis aient fait avant votre retour. Posez des questions aux autres apprenants et répondez aux leurs.*

RÊVER D'AUTRE CHOSE

3. S'exprimer

■ **9** ■ *Informez-vous et informez-nous.*

• *Lisez le texte.*

Le vedettariat à tout prix

Où est passée l'époque où les enfants rêvaient de devenir pompier, infirmière, professeur ou médecin ? Aujourd'hui, le rêve de beaucoup, c'est de devenir vedette. Peu importe souvent les moyens d'y parvenir, ce qui compte avant tout, c'est la reconnaissance d'un public et, si possible, l'argent qui va avec. Les objectifs les plus prisés sont de devenir footballeur pour les garçons, chanteur pour les garçons et les filles ou bien n'importe quoi qui puisse être vu à la télévision. La télévision encourage ce désir de notoriété en multipliant les programmes auxquels participent des anonymes en quête de célébrité. Citons par exemple ces émissions qui propulsent sur le devant de la scène des apprentis chanteurs qui rêvent d'inscrire leur nom en lettres lumineuses à la devanture des salles de spectacle.

Mais ce ne sont pas les seules. Depuis quelques années, les émissions de télé réalité se multiplient. Seriez-vous capable de vivre sur une île déserte plutôt hostile ? Vous pouvez peut-être devenir célèbre ! Pensez-vous pouvoir séduire un faux *milliardaire ? Vous avez aussi toutes vos chances de passer à la télévision. Vous êtes sûr de pouvoir démontrer à tous que votre couple est solide et que vous résisterez à toutes les tentations possibles ? Tout espoir n'est pas perdu pour vous, on vous verra peut-être un jour sur le petit écran. Et si vous ne correspondez à aucun des cas précités, ne vous inquiétez pas, il y a encore bien d'autres possibilités.*

Mais si vous préférez l'anonymat, rien ne vous empêche de choisir un métier « banal », comme pompier ou infirmière. ■

• *Discutez avec les autres apprenants pour contrôler votre compréhension du texte.*

• *Comme dans le document, présentez la situation dans votre pays.*

■ **10** ■ *Discutez.*

• *Répondez aux questions pour préparer la discussion.*

1. Connaissez-vous d'autres émissions de télé réalité que celles qui sont évoquées dans le texte ? Lesquelles ?

....

2. Laquelle de ces émissions vous tenterait le plus ? Seriez-vous prêt à y participer ?

....

3. Pensez-vous que les gens qui ont participé à ce genre d'émission peuvent rencontrer des difficultés plus tard ? Lesquelles par exemple ?

....

4. Êtes-vous pour ou contre ce genre d'émission ? Expliquez pourquoi ?

....

5. Comment expliquez-vous la popularité de ces émissions ?

....

6. Quels sont les avantages et les inconvénients de la célébrité ?

....

7. Si vous deviez choisir un métier qui conduit à la célébrité, lequel choisiriez-vous ?

....

• *Donnez votre opinion. Discutez avec les autres apprenants.*

La célébrité
• Un artiste, un sportif peut être connu, populaire, célèbre.
• Un médecin, un avocat peut être renommé, réputé. Renommé et réputé se disent d'une chose ou d'une personne connue de beaucoup comme étant excellente.
• Un écrivain, un peintre, un homme d'État peut être illustre. Illustre s'utilise pour une personne qui est célèbre pour son œuvre.

Exprimer ses regrets, sa déception, sa satisfaction par rapport à des faits passés
• *Je regrette, je suis déçu, je suis désolé, c'est dommage, c'est regrettable, c'est *bête…*
• *Je me réjouis, je suis ravi, je suis contente, je suis heureuse, je suis satisfaite…*
+ de + verbe à l'infinitif passé. → Je regrette d'avoir participé à cette émission. (1 seul sujet)
+ que + verbe au subjonctif passé. → Je me réjouis que vous ayez gagné. (2 sujets différents)

■ **11** ■ *Discutez.*

• *En groupe, choisissez le thème d'une émission de télé réalité que vous connaissez ou imaginez-en une nouvelle.*
• *Discutez, mettez-vous d'accord.*
• *Quand vous avez choisi, faites deux groupes : les journalistes et les participants à l'émission.*
• *Les journalistes vont préparer des questions à poser aux participants sur :*
  – ce qu'ils ont vécu pendant l'émission,
  – leurs satisfactions,
  – leurs regrets, leurs déceptions.
• *Les participants vont se mettre d'accord sur :*
  – l'histoire de leur aventure,
  – ce qu'ils ont aimé et ce qu'ils n'ont pas aimé dans l'aventure,
  – les compliments et les reproches qu'ils peuvent faire aux organisateurs de l'émission.
• *Quand les deux groupes sont prêts, réalisez l'interview.*

Donnez la réplique ou complétez le récit.

Attention, vous ne devez pas utiliser deux fois la même réponse.

« Pouvez-vous me dire si vous êtes d'accord avec ce projet de loi ? »

1. « .... »

2. « .... »

3. « .... »

4. « .... »

« Moi, la télévision, ça ne me plaît pas beaucoup. Et toi ? »

5. « .... »

6. « .... »

7.1 « .... »

« Regarder un film d'amour, ça te plaît ? »

8. « .... »

« Et si tes voisins font du bruit jusqu'à 4 heures du matin, ça t'énerve ? »

9. « .... »

10. 11. 12. 13. « En France, on ne peut acheter des cigarettes que dans les bureaux de tabac. La vente du tabac, c'est un .... Il y a aussi des bureaux de tabac qui font PMU. Là, on peut .... sur des chevaux. On .... un peu d'argent et si on est ...., on gagne. »

« À votre avis, il va faire beau ou il va pleuvoir ? »

14. « .... »

15. « .... »

16. « .... »

« Que pensez-vous de Ludivine ? Est-elle est capable de gagner ce concours ? »

17. « .... »

18. « .... »

« Elle me paraît neuve, cette voiture. Qu'en pensez-vous ? »

19. « .... »

20. « .... »

« Je vais faire réparer la télévision, ça me paraît nécessaire. Qu'en pensez-vous ?

21. « Oui, ... »

« Êtes-vous sûr que vos amis sont là ? »

22. « Non, ... »

23. « .... »

24. « .... »

« Jérémie a l'air heureux, tu ne trouves pas ? »

25. « Non, ... »

26. 27. 28. « Quand il a un problème, il ne tourne pas autour du pot, il le .... C'est le moyen le plus efficace de le .... le plus vite possible. Moi, j'ai .... lui, c'est un homme fiable. »

29. « Je pars en vacances au bord de la mer, ... il fasse beau ! »

« Et qu'est-ce que tu souhaites faire à la mer ? »

30. « .... »

31. « .... »

32. « .... »

33. « .... »

« Tu souhaites que je m'occupe de ton appartement pendant ton absence ? »

34. « Oui, ... »

35. « .... »

« Tes amis sont allés à Paris sans toi. Tu le regrettes ? »

36. « .... »

« Ta sœur a réussi son examen ! Tu es content ? »

37. « .... »

38. « .... »

« La mienne l'a raté ! »

39. « .... »

40. « .... »

COMPTEZ VOS POINTS

Vous avez **plus de 30 points** : BRAVO ! C'est très bien. Vous pouvez passer à l'unité suivante.
Vous avez **plus de 20 points** : C'est bien, mais regardez vos erreurs, cherchez les réponses possibles dans les leçons et refaites le test. Ensuite, passez à l'unité suivante.
Vous avez **moins de 20 points** : Vous n'avez pas bien mémorisé cette unité, reprenez-la, puis recommencez l'autoévaluation. Bon courage !

NÉGOCIER

> ■ **OBJECTIF FONCTIONNEL :** Argumenter dans la discussion.
>
> ■ **OUTILS :** L'expression de l'opposition – L'expression de la concession – L'art de négocier.

■ **1** ■ *Répondez.* 🎧 ÉCOUTE 1

• *Quel est le point commun de tous ces dialogues ?*

• *Notez les mots qui permettent d'exprimer ce point commun.*

....

....

....

....

■ **2** ■ *Imaginez les situations.*

• *Pour chaque mini-dialogue, imaginez la situation et qui parle.*

• *Discutez avec les autres apprenants pour vous mettre d'accord.*

■ **3** ■ *Complétez les dialogues et jouez les scènes.*

• *Avec votre partenaire, imaginez un début et une suite à ces dialogues.*

....

....

....

....

....

....

....

....

....

• *Jouez les scènes. N'oubliez pas d'utiliser les éléments de l'écoute.*

OUTILS

L'expression de l'opposition

• **Alors que / tandis que :** Ma voiture est vieille alors que / tandis que la tienne est neuve.
• **Autant… autant :** Autant ma femme est calme, autant la tienne est nerveuse.
• **Au contraire :** Il n'a pas l'air fatigué, au contraire, je le trouve très en forme.
• **Par contre, en revanche :** Il est sérieux, par contre / en revanche, il n'est pas très amusant.
• **Contrairement à :** Fabien est travailleur, contrairement à Sonia qui est très rêveuse.
• **Au lieu de :** Loïc n'est pas sérieux, il va au cinéma au lieu d'aller en cours.

■ **4** ■ *Faites passer la parole.*

• *Comme dans l'exemple, imaginez une situation en deux répliques.*

Exemple :   **A** – Tu finis à 5 heures ce soir ?
      B – Oui, ce soir je finis à cinq heures au lieu de 6 heures, la *prof est absente.

▦ 5 ▦ *Cherchez les différences.*

• *Il y a 15 différences entre ces deux dessins.*

• *Cherchez-les et présentez-les en utilisant l'expression de l'opposition.*

• *Attention ! Vous devez utiliser toutes les constructions proposées dans les outils.*

▦ 6 ▦ *Continuez la série.*

• *Qu'est-ce qui oppose les habitants d'un pays à ceux d'un autre pays ?*

• *Regardez les phrases ci-dessous et continuez la série. Une phrase par apprenant.*
 Les Français boivent du café alors que les Chinois boivent du thé.
 Les Chinois sont tous bruns, au contraire, les Suédois sont souvent blonds.
 Autant les Suédois sont grands, autant les Vietnamiens sont petits.

• *À vous.*

■ **7** ■ *Informez-vous et interprétez.* 🎧 ÉCOUTE **2**

• *Qui sont les deux personnes qui parlent et quelle est la situation ?*

• *Sur quoi ne sont-elles pas d'accord ?*

....

....

....

• *Discutez avec les autres apprenants pour contrôler ou compléter vos informations.*

• *Jouez la scène.*

Un homme : Allô, Rapide Dépannage j'écoute.
Une femme : Bonjour monsieur, c'est madame Duroule. Bien que vous soyez venu réparer…

OUTILS

L'expression de la concession
• **Bien que / quoique** + *subjonctif* – Bien qu'il fasse moins 15 degrés, il n'a pas froid.
• **Même si** + *indicatif* – Vous devez aller travailler, même si vous n'en avez pas envie.
• **Quand bien même** + *conditionnel* – Quand bien même il serait roi, elle ne l'aimerait pas !
• **Malgré / en dépit de** + *nom* – Malgré son courage, il n'a pas supporté ce nouvel échec.
• **Pourtant, cependant, néanmoins** – Il fait chaud, pourtant, c'est encore l'hiver.
• **Quand même** – Il est malade, (mais) il va en classe quand-même. (souvent associé à un autre marqueur)

■ **8** ■ *Interprétez.*

• *Malgré les concessions qu'il devra faire, il veut se marier avec la jeune fille de ses rêves.*

• *Choisissez un rôle. Imaginez les mises en garde de la sœur du jeune homme et les réponses de celui-ci. Préparez vos idées.*

....

....

....

....

• *Jouez la conversation entre le frère et la sœur.*

■ **9** ■ *Interprétez.*

- *Bien qu'il soit difficile de trouver un emploi dans leur petite ville, certains de ces jeunes ne veulent pas la quitter pour aller travailler ailleurs. Au contraire, d'autres sont prêts à partir.*
- *Les problèmes à résoudre pour ceux qui veulent rester sont nombreux :*
  - *le chômage et la précarité des emplois saisonniers liés au tourisme,*
  - *l'importance des relations personnelles dans les opportunités professionnelles,*
  - *le manque d'équipements sportifs et la rareté des événements culturels,*
  - *la desserte insuffisante de la ville par les transports régionaux, etc.*
- *Faites deux groupes : ceux qui souhaitent partir et ceux qui veulent rester.*
- *Réfléchissez aux raisons qui vous ont amené à faire ce choix et aux concessions que vous devrez faire.*
- *Notez vos idées.*

....
....
....
....
....
....
....

- *Sous forme de conversation, présentez vos positions, discutez-en avec les autres apprenants et essayez de les convaincre que votre choix est le meilleur.*

....
....
....

■ **10** ■ *Informez-vous.*

• *Lisez le texte.*

Qui veut travailler le dimanche ?

D'origine religieuse, le repos dominical est aujourd'hui une obligation de la législation du travail. Il y a bien sûr des dérogations pour certains secteurs professionnels comme les restaurants, les hôpitaux, les transports... qui ne peuvent pas cesser leur activité ce jour-là. Ces établissements sont autorisés à donner par roulement, à leurs employés, le dimanche comme jour de congé. Mais la grande question qui oppose les Français est celle de l'ouverture le dimanche des magasins de grandes surfaces.

Les uns sont contre et souhaitent conserver au dimanche sa fonction traditionnelle de jour de repos. Partisans d'une journée hebdomadaire sans achat, ils pensent que notre société de consommation a bien besoin de cette pause pour retrouver ses valeurs. De plus, ce jour de repos commun à tous est généralement synonyme de réunions de famille, de repas pris en commun et de loisirs partagés.

Les autres au contraire estiment que la fermeture des magasins le dimanche est pénalisante pour tout le monde. Pour le consommateur qui aimerait disposer de plus de temps pour faire ses achats tranquillement, mais aussi pour l'emploi et pour l'économie. Les travailleurs du dimanche ne sont pas lésés puisqu'en contrepartie de leur travail ce jour-là, ils obtiennent des heures de repos supplémentaires ou une majoration importante de leur salaire.

Les grandes surfaces ont actuellement l'autorisation d'ouvrir cinq dimanches par an, mais certaines n'hésitent pas à ouvrir quelques dimanches de plus. Malgré l'amende que doivent payer les contrevenants à la loi, ouvrir le dimanche est généralement une très bonne affaire commerciale. ■

• *Discutez avec les autres apprenants pour contrôler votre compréhension du texte.*

• *Comme dans le document, présentez la situation dans votre pays.*

■ **11** ■ *Discutez.*

• *Répondez aux questions pour préparer la discussion.*

1. En quoi la fermeture des magasins le dimanche est-elle pénalisante pour l'emploi et l'économie ?

....

2. Qui pourrait profiter de ces emplois ?

....

3. Dans quelle mesure la vie de famille est-elle préservée par le fait que le dimanche est un jour de repos commun à tous ?

....

4. Est-ce à l'État de décider des jours et des heures d'ouverture des magasins ?
Expliquez votre réponse.

....

5. Êtes-vous pour ou contre l'ouverture des magasins le dimanche ?

....

6. Y a-t-il un jour de la semaine que vous préférez ou au contraire que vous n'aimez pas beaucoup ?
Lequel ? Pourquoi ?

....

• *Donnez votre opinion. Discutez avec les autres apprenants.*

L'art de négocier
- Engager des négociations (commencer à négocier, échanger ses idées pour rechercher un accord).
- Se concerter (prendre l'avis de chacun pour adopter une position commune).
- S'entendre pour faire qqch. = se mettre d'accord pour faire qqch.
- Faire des concessions = céder du terrain = mettre de l'eau dans son vin.
- Concéder = admettre, reconnaître. Il concède que vous aviez raison.
- Couper la poire en deux (trouver une solution intermédiaire qui convienne aux deux parties).
- S'entendre à l'amiable, trouver un arrangement (trouver une solution informelle).
- Prendre une décision d'un commun accord (décider ensemble).

12 ▪ Discutez.

- *Les employés du supermarché de Villeneuve ne veulent pas travailler le dimanche!*
- *Faites deux groupes et préparez les négociations:*

Les membres du comité directeur
– *Ils doivent se concerter pour trouver des propositions capables de convaincre le personnel du magasin de travailler le dimanche.*
– *Ils doivent expliquer pourquoi l'ouverture le dimanche est nécessaire pour le magasin.*
– *Ils doivent tenir compte des demandes du personnel et faire des concessions pour obtenir satisfaction.*

Les employés
– *Ils doivent expliquer pourquoi ils ne souhaitent pas travailler le dimanche. Chacun doit présenter son cas personnel.*
– *Ils doivent écouter et juger les propositions faites par la direction.*
– *Ils doivent faire des concessions pour la bonne marche de l'entreprise.*

- *Quand les deux groupes ont préparé leurs arguments, engagez les négociations.*
- *Vous devez, à la fin de la discussion, vous entendre sur une position commune.*

■ **OBJECTIF FONCTIONNEL :** Donner des conseils et les justifier.

■ **OUTILS :** Quelques marqueurs de cause – Le langage du corps.

■ **1** ■ *Répondez.* 🎧 ÉCOUTE 1

• *Quel est le point commun de tous ces dialogues ?*

• *Notez les expressions qui expriment ce point commun.*

....

....

....

....

■ **2** ■ *Imaginez les situations.*

• *Pour chaque mini-dialogue, imaginez la situation et qui parle.*

• *Discutez avec les autres apprenants pour vous mettre d'accord.*

■ **3** ■ *Complétez les dialogues et jouez les scènes.*

• *Avec votre partenaire, imaginez un début et une suite à ces dialogues.*

....

....

....

....

....

....

....

....

....

• *Jouez les scènes. N'oubliez pas d'utiliser les éléments de l'écoute.*

OUTILS

Donner des conseils

• *Tu devrais / Vous devriez…*
  Tu pourrais / Vous pourriez…
  Tu ferais bien (mieux) de / Vous feriez bien de… ⎫ + infinitif → *Tu devrais partir.*
  Je te conseille (déconseille) de / Je vous conseille de… ⎬
  Tâche de / Tâchez de… Essaie de / Essayez de… ⎭

* *Tu n'as qu'à / Vous n'avez qu'à…*

• *À ta place / À votre place…* ⎫
  Si j'étais toi / Si j'étais vous… ⎬ + conditionnel → *À ta place, je partirais.*

• *Il faudrait que tu / Il faudrait que vous…* ⎫
  Il vaudrait mieux que tu / Il vaudrait mieux que vous… ⎬ + subjonctif → *Il faudrait que tu partes.*
  Ce serait bien que tu / Ce serait bien que vous… ⎭

■ 4 ■ *Faites passer la parole.*

• *Comme dans les exemples, imaginez une situation en deux répliques.*

Exemples : **A** – J'ai besoin d'argent.
             B – *Tu n'as qu'à travailler !

             B – Qu'est-ce que tu me conseilles de faire samedi soir ?
             C – Si j'étais toi, j'irais voir le feu d'artifice.

■ 5 ■ *Dialoguez.*

Chère Dominique,

Je n'ai jamais fait appel à un magazine pour résoudre mes problèmes personnels, mais je me sens aujourd'hui tellement désemparée que je ne vois aucun moyen pour m'en sortir.

Nous avons, mon mari et moi, un fils de quinze ans qui nous rend la vie impossible.

Il ne va au collège que quand il en a envie, il sort toute la nuit avec ses copains qui, pour la plupart, sont plus âgés que lui et il ne supporte plus la moindre de nos remarques. Pour être tout à fait honnête, je dois même avouer qu'il nous terrorise car il est devenu violent. La semaine dernière, il a frappé son père qui tentait de l'empêcher de sortir. Moi, il ne me parle que pour me donner des ordres ou me demander de l'argent.

Jamais je n'aurais pu imaginer quand il était enfant qu'il puisse devenir un tel monstre. Notre vie est devenue un enfer Nous avons probablement fait des erreurs mais j'espère qu'il n'est pas trop tard pour les réparer.

Que devons-nous faire pour retrouver l'enfant que nous avons perdu ? J'attends vos conseils avec impatience.

Rosa

Chère Dominique,

Je suis tellement contente de vos conseils que je fais appel à vous une fois de plus. Voilà, j'ai quarante ans, je suis divorcée et j'ai une petite fille de 12 ans. Elle est charmante et je l'adore. Il y a six mois, j'ai rencontré un homme dont je suis tombée éperdument amoureuse. Nous nous entendons très bien et nous envisageons de vivre ensemble. Jamais auparavant, je n'avais rencontré quelqu'un qui me convienne aussi bien.

Malheureusement, il y a une ombre au tableau. Cet homme, que j'adore, refuse de vivre à plein temps avec ma fille. Il voudrait que je partage la garde de ma fille avec mon ex-mari pour que nous puissions vivre seuls à mi-temps. Je sais que ma fille ne souhaite pas habiter avec son père et je ne sais pas comment le lui imposer.

Que feriez-vous si vous étiez à ma place ? Je ne veux pas renoncer à cet homme mais je ne veux pas non plus que ma petite fille soit malheureuse.

Merci d'avance pour vos conseils,

Hélène

• *Lisez ces deux lettres et choisissez celle qui sera la vôtre.*
• *Préparez des conseils pour l'auteur de l'autre lettre.*

• *Jouez les deux scènes entre Dominique et Rosa puis entre Dominique et Hélène.*
• *Vous jouerez chacun à votre tour, le rôle de Dominique.*

DONNER DES CONSEILS

■ 6 ■ *Informez-vous et interprétez.* 🎧 ÉCOUTE 2

• *De quoi ces deux personnes parlent-elles?*

• *Notez les mots ou groupes de mots qui introduisent une cause.*

....

....

....

• *Discutez avec les autres apprenants pour contrôler ou compléter vos informations.*

• *Jouez la scène.*

Une femme: Salut Quentin, ça va?

Un homme: Pas mal et toi?

OUTILS

Introduire une cause

• **Comme** (introduit une cause logique toujours placée avant la conséquence)

• **Vu / étant donné / compte tenu de** + nom

• **Faute de** + nom (exprime un manque)

• **À force de** + infinitif (exprime un excès)

• **Pour** + infinitif passé

• **D'autant plus que** (encore plus / parce que)

• **Sous prétexte que** (introduit une cause contestable)

– Comme il fait beau, on va aller se promener.

– Vu ton état, tu devrais aller voir un médecin.

– Faute d'argent, il ne peut pas partir en vacances.

– À force de travailler, tu vas tomber malade.

– Il a été condamné pour avoir volé une voiture.

– Il est satisfait, d'autant plus que son patron lui a fait des compliments.

– Il est parti sous prétexte que personne ne lui parlait.

■ 7 ■ *Interprétez.*

• *Vous avez un problème et vous souhaitez demander conseil à un ami.*

• *Choisissez une idée dans la liste proposée ou imaginez-en une autre.*

> Mes parents veulent que je trouve un travail.
> Ma femme ne veut plus faire la cuisine.
> Mes enfants regardent la télévision tout le week-end.
> Mon chien mord tous mes visiteurs.
> J'ai perdu toutes mes économies au casino
> J'ai un complexe de supériorité.
> Ma grand-mère organise toute ma vie.

• *Analysez les causes de votre problème.*

• *Notez vos idées.*

....

....

....

....

....

• *Présentez votre problème à votre ami et demandez-lui des conseils.*

• *Inversez les rôles et jouez le rôle de conseiller.*

■ **8** ■ *Discutez.*

• *Comment en sont-ils arrivés là ?*

• *Par groupes de deux ou trois apprenants, imaginez les causes de cette dispute et pourquoi leur relation en général s'est à ce point dégradée.*

• *Notez vos idées.*

....

....

....

....

....

....

....

....

• *Présentez vos hypothèses aux autres groupes, discutez-en et choisissez les meilleures explications.*

■ **9** ■ *Interprétez.*

• *Fatigués de passer leur temps à se disputer, l'homme et la femme décident d'aller consulter un conseiller conjugal.*

• *Par groupes de deux ou trois (le conseiller conjugal et l'un des membres du couple ou, le conseiller conjugal et le couple), imaginez la consultation.*

• *Préparez vos idées.*

....

....

....

....

....

• *Jouez la scène.*

■ **10** ■ *Informez-vous.*

• *Lisez le texte.*

Les Français ont grandi et grossi

Une campagne de mensurations faite sur 11 562 Français, adultes et enfants, vient d'être rendue publique. Toutes ces personnes ont été pesées et mesurées de la tête aux pieds à l'aide d'un rayon optique qui a pris de chacun des images en trois dimensions. Les mains, les pieds, le cou, la tête, rien n'a échappé aux mesures. Les personnes constituant l'échantillon ont également été questionnées sur leur âge, leur catégorie socioprofessionnelle, leurs habitudes de consommation, etc.

Cette campagne avait pour but de mieux connaître les Français afin d'ajuster les tailles et les formes des vêtements et des chaussu-res à leur morphologie actuelle. Elle devrait permettre, à l'avenir, d'offrir des vêtements à la mode plus confortables et plus élégants, car mieux adaptés aux nouvelles proportions des corps.

Résultat : en 2006, la Française moyenne mesure 162,5 cm et pèse 62,4 kg. En général, les femmes sont plus grandes dans le nord-est et plus fortes dans le sud-est. En trente ans, elles ont grandi de 2 cm et grossi de 1,8 kg. Va-t-il falloir modifier les tailles des vêtements pour ne pas les démoraliser ? Dans cette optique, on envisage d'attribuer la taille 38 à un vêtement qui fait actuellement une taille 40.

De son côté, l'homme moyen mesure 175,6 cm et pèse 77,4 kg. Comme pour les femmes, les hommes sont plus grands dans le nord-est du pays. En un siècle, les femmes ont pris 8 cm et les hommes 11 cm. Les médecins vont également utiliser ces mesures pour étudier les conséquences de nos changements physiques sur notre santé. Première constatation : 26 % de la population adulte est en surpoids, un tiers des hommes et un quart des femmes. Bien qu'ils soient plus sportifs que les femmes, les hommes sont généralement plus gros, et les catégories sociales les plus aisées sont moins sujettes à l'obésité que les catégories plus défavorisées. ■

• *Discutez avec les autres apprenants pour contrôler votre compréhension du texte.*

• *Savez-vous si une enquête de ce type a été faite récemment dans votre pays ?*

• *Quelles sont, d'après vous, les mensurations moyennes de vos compatriotes ?*

■ **11** ■ *Discutez.*

• *Répondez aux questions pour préparer la discussion.*

1. Selon vous, pourquoi la population a-t-elle tellement grandi en un siècle ?

....

2. L'obésité est-elle un problème de santé dans votre pays ?

....

3. Quelles en sont les causes ? Comment lutter contre ?

....

4. Les personnes obèses sont-elles sujettes à des discriminations dans votre pays ? Dans quelles situations ? Qu'en pensez-vous ?

....

5. En dehors des vêtements, quels autres produits de consommation pourraient être modifiés suite aux changements physiques des Français ?

....

• *Donnez votre opinion. Discutez avec les autres apprenants.*

Le langage du corps
- Bien se tenir (physiquement ou dans sa manière d'agir).
- Avoir de la tenue = avoir une bonne présentation.
- Avoir de la classe, avoir du style, avoir de l'allure, être distingué (avoir une apparence naturellement élégante).
- Le maintien, l'attitude (physique) = la manière de se tenir. Avoir une attitude décontractée, stricte, naturelle…
- L'attitude (psychologique). Avoir une attitude positive, négative, constructive…
- Le comportement = la manière d'agir. – Bien se comporter, bien se conduire.
- Avoir de bonnes, de mauvaises manières.

■ **12** ■ *Discutez.*

- *Si vous aviez le choix, qu'aimeriez-vous faire dans la vie ?*
- *Choisissez l'une des professions proposées.*

Président de la République

Actrice dramatique

Chanteur de rap

Championne de tennis

Présentateur de télévision

Professeur d'université

- *Pour atteindre votre objectif, vous allez devoir faire des efforts pour vous conformer à l'image physique et psychologique correspondant à votre future activité.*
- *Demandez conseil aux autres apprenants.*
- *Donnez des conseils aux autres pour les aider à s'identifier au personnage qu'ils veulent devenir. Justifiez vos conseils.*

■ **OBJECTIF FONCTIONNEL :** Parler de ressemblances – Donner des informations complémentaires.

■ **OUTILS :** Les pronoms relatifs composés – L'art de la discussion.

■ **1** ■ *Répondez.* 🎧 ÉCOUTE 1

• *Quel est le point commun de tous ces dialogues ?*

• *Notez les constructions qui permettent d'exprimer ce point commun.*

....

....

....

....

■ **2** ■ *Imaginez les situations.*

• *Pour chaque mini-dialogue, imaginez la situation et qui parle.*

• *Discutez avec les autres apprenants pour vous mettre d'accord.*

■ **3** ■ *Complétez les dialogues et jouez les scènes.*

• *Avec votre partenaire, imaginez un début et une suite à ces dialogues.*

....

....

....

....

....

....

....

....

....

• *Jouez les scènes. N'oubliez pas d'utiliser les éléments de l'écoute.*

OUTILS

Parler de ressemblances

• **Le même / la même / les mêmes** + nom → Ils ont le même nez, la même bouche, les mêmes yeux.
  Les mêmes → Il a deux livres identiques, ce sont les mêmes.

• **Se ressembler** → Patrick et son père se ressemblent
  Ressembler à qqn. / à qqch. → Patrick ressemble à son père.

• ***On dirait** → On dirait mon frère. On dirait qu'il veut nous parler.

• **Prendre qqn. / qqch. pour...** → C'est ta mère ? Je l'ai prise pour ta sœur !

• **Être pareil, être semblable** → Ces deux robes sont pareilles. Ma robe est pareille à la tienne.

• **Comme** → Tu es comme moi / comme un enfant. C'est comme avant, comme toujours.
  Comme si + phrase → Il est parti comme si on l'avait chassé.
  Comme avec, comme quand, comme le jour où... → Ça s'est passé comme avec un ami, comme quand on avait mangé au restaurant, comme le jour où on t'avait téléphoné...

• **C'est la même chose = c'est du pareil au même** = Il n'y a pas de différence.

■ 4 ■ *Faites passer la parole.*

• *Comme dans les exemples, imaginez une situation en deux répliques.*

Exemples : **A** – Tu sais pourquoi Francis est absent ?

             B – Non. Il ne m'a rien dit, comme d'habitude.

             B – Tu connais Martial ?

             C – Oui, je crois. C'est celui qui ressemble à ton cousin ?

■ 5 ■ *Dialoguez.*

• *Vivez-vous aujourd'hui comme vous viviez il y a dix ans ?*

• *Avez-vous les mêmes amis ? En avez-vous d'autres ? Ressemblent-ils à ceux d'avant ? Faites-vous du sport comme quand vous étiez plus jeune ?*

• *Complétez le tableau avec vos informations personnelles.*

	Il y a dix ans	Maintenant
Votre habitation		
Votre famille		
Vos loisirs		
Vos amis		
Votre travail		
Vos espoirs		

• *Sous forme de conversation, comparez votre vie actuelle à votre vie passée. Mettez en évidence les ressemblances et les différences entre les deux.*

• *Posez des questions à votre partenaire. Répondez aux siennes.*

■ **6** ■ *Informez-vous et interprétez.* 🎧 ÉCOUTE 2

• *Qui sont les deux personnes qui parlent? Que font-elles?*
• *Notez les pronoms relatifs utilisés dans le dialogue.*

....

....

....

• *Discutez avec les autres apprenants pour contrôler ou compléter vos informations.*
• *Jouez la scène.*

Une femme: On joue aux devinettes?
Un enfant: D'accord, mais c'est difficile! Choisis quelque chose…

OUTILS

Les pronoms relatifs composés

• Ils sont composés d'une préposition + **lequel / laquelle / lesquels / lesquelles**.
• Attention aux contractions avec « à » et « de » :
   ~~à lequel~~ → auquel – ~~à lesquels~~ → auxquels – ~~à lesquelles~~ → auxquelles -
   ~~de lequel~~ → duquel – ~~de lesquels~~ → desquels – ~~de lesquelles~~ → desquelles
Il a visité un château *auquel* il s'intéresse, *dans lequel* il y a de magnifiques meubles anciens, *près duquel* il y a un lac, *pour lequel* il donnerait sa fortune, etc.

   • Pour les personnes, on peut remplacer *lequel / laquelle / lesquels / lesquelles* par « **qui** »
Elle a un ami / une amie / des amis / des amies *en qui* elle a confiance, *avec qui* elle sort beaucoup, *près de qui* elle se sent bien, *à qui* elle raconte sa vie, etc.

■ **7** ■ *Devinez.*

• *En groupe, imaginez des propositions subordonnées relatives qui peuvent s'appliquer à cet objet: « C'est un objet avec lequel…, sur lequel…, dans lequel…, grâce auquel… », etc.*

   Une proposition par apprenant. Celui qui n'en trouve plus est éliminé. Continuez jusqu'à ce qu'il ne reste que le gagnant.

• *Choisissez un autre objet et recommencez le jeu*
• *Par deux, choisissez un objet et préparez une devinette.*

....

....

....

....

• *Essayez de la faire deviner aux autres apprenants.*
• *Par deux, choisissez une personne célèbre et préparez une devinette.*

....

....

....

• *Essayez de la faire deviner aux autres apprenants.*

■ **8** ■ *Interprétez.*

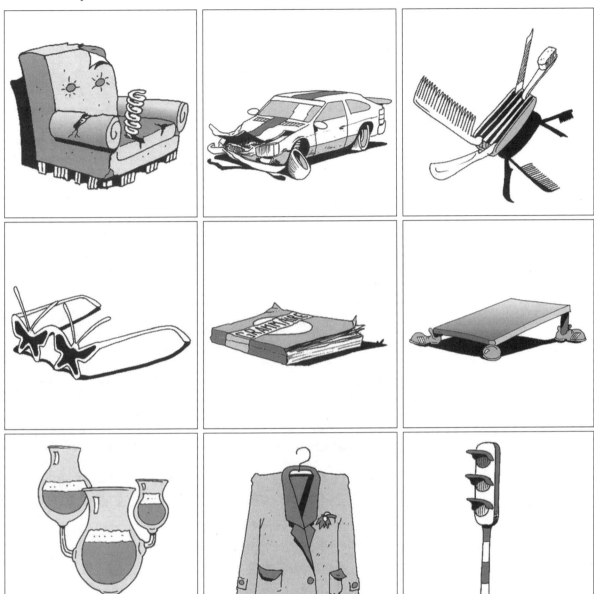

- *Ces objets sont invendables car usagés, inutiles, inintéressants ou trop insolites ! De bons vendeurs peuvent vous prouver le contraire.*

- *Choisissez l'objet que vous allez tenter de vendre. Imaginez son histoire, son utilité et ce que leurs futurs propriétaires pourront en faire.*

- *Préparez vos idées.*

....

....

....

....

....

- *Présentez l'objet que vous avez choisi aux autres apprenants et essayez de le leur vendre.*

- *Répondez à leurs questions en essayant de les convaincre que cet achat est une excellente affaire pour eux. Négociez le prix.*

■ **9** ■ *Informez-vous.*

• *Lisez le texte.*

> ## Vous avez dit *râleur ?*
>
> Né en 1959 de la collaboration entre le scénariste René Goscinny et le dessinateur Albert Uderzo, le héros de bande dessinée Astérix est très vite devenu la coqueluche des Français. Nerveux et facilement irritable, le petit Gaulois moustachu au cœur tendre est toujours prêt à se battre en compagnie de son ami Obélix pour défendre son village contre l'envahisseur romain. Souvent considéré comme une caricature du Français moyen, Astérix a fait le tour du monde et véhicule cette image du Français bon vivant, sympathique mais belliqueux. Stéréotype ou réalité ? Si les Français ont la répu-
>
> tation d'être râleurs, il doit bien y avoir des raisons. *Râler, *rouspéter, *rouscailler, le vocabulaire ne manque pas pour illustrer la colère qui les anime lorsque quelque chose leur déplaît. Les occasions de se révolter, se rebeller, s'insurger ou protester ne manquent pas.
> Depuis la révolution de 1789 qui commença par une insurrection parisienne, les Français ont eu d'autres occasions de descendre dans la rue pour exprimer leur mécontentement. La révolution de 1830, celle de 1848, et plus récemment les mouvements de contestation de mai 1968 ont vu dans les rues des foules en colère.
>
> En marge de ces grands mouvements historiques, les Français n'hésitent pas à manifester leur désaccord avec le gouvernement. Les sujets les plus explosifs sont les projets de loi visant à réformer l'éducation ou le système de protection sociale. Quel que soit le projet, il se trouve toujours un groupe de population prêt à aller manifester son désaccord en défilant dans les rues. En toutes circonstances, même s'il ne l'avoue pas, le gouvernement doit composer avec « la rue ».
> Les Français seraient-ils réfractaires au changement ? Peut-être pas, mais comme Astérix, ils font de la résistance. ■

• *Discutez avec les autres apprenants pour contrôler votre compréhension du texte.*

• *Présentez les principaux traits de caractère attribués généralement à vos compatriotes.*

• *Y a t-il dans votre pays un personnage réel ou de fiction qui représente ce stéréotype ?*

■ **10** ■ *Discutez.*

• *Répondez aux questions pour préparer la discussion.*

1. Connaissez-vous d'autres stéréotypes nationaux que celui de votre pays ? Présentez-les.

....

2. Pensez-vous qu'il y ait réellement des traits de caractère communs aux gens d'une même nationalité ? Pourquoi ? Donnez des exemples.

....

3. Pensez-vous que ces stéréotypes peuvent quelquefois nuire aux gens ? Donnez des exemples.

....

4. D'après ce que vous savez des Français, êtes-vous d'accord avec le texte ? Pourquoi ?

....

5. Quels autres traits de caractères attribueriez-vous aux Français ? Faites un portrait complet.

....

• *Donnez votre opinion. Discutez avec les autres apprenants.*

L'art de la discussion

- Pour faire des choix, il est utile de peser le pour et le contre, de comparer les avantages et les inconvénients de chaque chose.
- Pour convaincre, il faut mettre en évidence les points positifs, les points forts, souligner les points faibles.
- Il faut mettre en avant les atouts d'une personne ou d'un projet (les points forts).
- Dans la conversation, on peut être pondéré, modéré ≠ excessif, caricatural, extrémiste.

■ 11 ■ *Faites des propositions.*

- *Dans l'esprit de l'histoire, complétez les attentes de cette femme par rapport à l'homme de sa vie.*
- *Pensez-vous que cette femme représente la Française moyenne ? Pourquoi ?*
- *Quels seraient selon vous les critères de choix d'une Française moyenne ?*
- *Imaginez qu'il s'agisse d'un homme. Quels pourraient être ses critères de choix ?*

Je cherche désespérément un homme avec lequel je puisse fonder un foyer.

Un homme pour lequel je puisse apprendre à faire la cuisine.

■ 12 ■ *Discutez.*

- *L'idée du couple est-elle la même dans toutes les parties du monde ?*

- *Donnez des exemples. Comparez les avantages et les inconvénients de chacun de ces modèles*

- *Avez-vous le sentiment que l'image du couple la plus répandue dans votre pays est celle qui vous convient le mieux ?*

- *Que pensez-vous des différents types de mariages ? Mariage d'amour, mariage de raison, mariage arrangé par les familles ?*

- *Le couple européen aboutit souvent au divorce. Quel équilibre entre l'homme et la femme vous paraît le meilleur pour réussir une relation durable ?*

- *Expliquez votre réponse.*

- *Discutez avec les autres apprenants.*

Un homme auquel je pourrais donner beaucoup d'enfants.

Mais les Français préfèrent que leur femme travaille !

Donnez la réplique ou complétez le récit.

Attention, vous ne devez pas utiliser deux fois la même réponse.

« D'accord, mon frère est grand, alors que le tien est petit. Mais tu vois d'autres choses qui les opposent? »

1. « .... »

2. « .... »

3. « .... »

4. « .... »

« Non! Il t'a menti et tu continues à l'écouter quand même! »

5. « Oui, ... »

6. « Oui, ... »

7. « Oui, ... »

8. « Oui, ... »

9. 10. 11. – « Bien, puisque nous ne sommes pas d'accord sur ce projet et que nous devons travailler ensemble, il va falloir faire .... Je sais que tu .... mieux avec Patrice qu'avec moi, mais on va se .... et on va bien trouver une solution. »

12. 13. « Nous ne souhaitons pas .... des négociations officielles. Ne pourrait-on pas ....? »

« Je voudrais bien inviter Fanny au restaurant, mais je ne sais pas comment lui en parler. Tu as une idée? »

14. « .... »

15. « .... »

16. « .... »

« Je ne sais pas si je dois y aller en train ou en avion. Qu'est-ce que tu en penses? »

17. « .... »

18. « .... »

19. « .... »

20. 21. 22. « Écoute un peu! .... l'heure, on n'a plus le temps d'aller faire les courses. Alors, ... on a très faim, on va aller dîner au restaurant. Bonne idée non? »

« Encore! .... de dîner au restaurant, ça ne me fait même plus plaisir! »

« Tu sais pourquoi Laura est absente? Je suis sûre qu'elle n'a aucune excuse. »

23. « Tu as raison, elle .... »

« Non vraiment, elle exagère ! »

24. « Oui, ... »

« Tu sais pourquoi Jérôme a été licencié par son entreprise ? Qu'est-ce qu'il a fait ? »

25. « Oui, ... »

« Regarde cette femme, elle a de l'allure, tu ne trouves pas ? »

26. « Si, ... »

« Tu vois, je trouve que ce qu'a fait Loïc, ce n'est vraiment pas bien. »

27. « Oui, je suis d'accord, ... »

« Il n'est jamais content ! Rien ne lui plaît ! Il voit tout en noir ! Tu n'es pas d'accord ? »

28. « Si, ... »

Regarde ces deux filles, je suis sûr qu'elles sont jumelles ! Tu as vu leur visage,

29. 30. 31. « Oui, elles ont ...., ..., ... »

« Tu as vu ce garçon ? Il ressemble à Vincent Cassel ! »

32. « Oui, alors, tu as raison, on .... »

« Comment ça s'est passé ? Tu es encore allé chez le *psy ? »

33. « ...., c'est toujours la même chose. »

« Tu as vu, c'est Florence. J'ai cru que c'était sa sœur ! »

34. « Oui, moi aussi, je .... »

« Je n'ai jamais vu ce *truc là ! Tu m'expliques comment ça marche ? »

35. 36. 37. 38. « C'est un *truc .... »

« ...., ..., »

« ...., ... »

« Avant de prendre ta décision, réfléchis bien ! Il y a des avantages et des inconvénients dans tous les cas. »

39. « Oui, je .... »

« Pense aussi que tu as des points forts à mettre en avant. »

40. « Oui, je connais mes .... »

COMPTEZ VOS POINTS

Vous avez **plus de 30 points** : BRAVO ! C'est très bien. Vous pouvez passer à l'unité suivante.

Vous avez **plus de 20 points** : C'est bien, mais regardez vos erreurs, cherchez les réponses possibles dans les leçons et refaites le test. Ensuite, passez à l'unité suivante.

Vous avez **moins de 20 points** : Vous n'avez pas bien mémorisé cette unité, reprenez-la, puis recommencez l'autoévaluation. Bon courage !

UNITÉ 1 • LEÇON 1

■ ÉCOUTE 1 PAGE 8

- *Une femme:* — Où tu étais dimanche dernier?
- *Un homme:* — À Grenoble, chez ma sœur.
- *Une femme:* — Et la veille au soir?
- *Un homme:* — À Lyon, chez ma tante. Et qu'est-ce que tu veux savoir encore? Où j'étais l'avant-veille et trois jours avant et la semaine précédente?
- *Une femme:* — Oh, ça va, ne te fâche pas comme ça!

- *Un homme:* — Récapitulons. Tout a commencé lundi.
- *Une femme:* — C'est ça.
- *Un homme:* — Ce jour-là, vous avez reçu trois coups de fil dans la soirée. Vous avez décroché, mais personne n'a parlé.
- *Une femme:* — Exact.
- *Un homme:* — Le lendemain matin, vous avez trouvé cette lettre anonyme glissée sous votre porte.
- *Une femme:* — Oui.
- *Un homme:* — Et le surlendemain vous avez reçu ce colis par la poste?
- *Une femme:* — Tout à fait.

- *Une femme âgée:* — Oui, c'était en 1972. Cette année-là, je me suis mariée avec François. On s'était rencontrés l'année d'avant et, l'année d'après, on a eu deux enfants, des jumeaux.
- *Une jeune femme:* — Tu étais contente?
- *Une femme âgée:* — Bien sûr! Et trois ans après, ta mère est née.
- *Une jeune femme:* — Tu avais quel âge?

■ ÉCOUTE 2 PAGE 9

- *Patrick:* — Tu as écouté les informations?
- *Sophie:* — Non, pourquoi?

- *Patrick:* — Tu sais, l'homme qui a mis le feu à l'immeuble de la rue du Parc…
- *Sophie:* — Oui, et alors?
- *Patrick:* — La police l'a retrouvé. C'est un pompier!
- *Sophie:* — Non!
- *Patrick:* — Si. Et tu te souviens de l'incendie à l'usine de chaussures, le mois dernier?
- *Sophie:* — Oui, je m'en souviens, il n'y avait pratiquement pas eu de dégâts?
- *Patrick:* — Non. Les pompiers étaient arrivés très vite sur les lieux. Eh bien, c'était lui aussi.
- *Sophie:* — Mais… les policiers n'avaient pas fait d'enquête?
- *Patrick:* — Si, bien sûr; mais ils n'avaient rien trouvé. Le pompier pyromane s'était même présenté au commissariat pour faire une déclaration.
- *Sophie:* — Ah bon!
- *Patrick:* — Oui. Il avait vu un homme suspect ce jour-là dans le quartier. Il habite à côté de l'usine.
- *Sophie:* — Et les policiers n'avaient pas trouvé ça bizarre?
- *Patrick:* — Ben non.
- *Sophie:* — C'est incroyable, cette histoire.

• LEÇON 2

■ ÉCOUTE 1 PAGE 14

- *Un homme:* — Vous avez regardé l'interview du Président à la télé hier soir?
- *Une femme:* — Non, mais j'en ai entendu parler.
- *Un homme:* — C'est incroyable, ce qui s'est passé!

- *Un homme A :* – Comment tu sais ça toi ?
- *Un homme B :* – Le bouche à oreille, mon vieux ! C'est encore le meilleur moyen de faire passer l'information.
- *Un homme A :* – Ah, ben ça alors, moi qui croyais te faire une surprise !

- *Une femme :* – Alors, il paraît que tu as gagné ?
- *Un homme :* – Qui t'a dit ça ?
- *Une femme :* – Personne. Mais je le sais.
- *Un homme :* – Méfie-toi des on-dit, ce n'est pas toujours la vérité.

- *Une femme A :* – J'ai entendu dire qu'on allait avoir une augmentation.
- *Une femme B :* – Ça, ça m'étonnerait. Vous connaissez le patron.
- *Une femme A :* – Oui, mais on dit qu'en ce moment, il est de très bonne humeur.
- *Une femme B :* – Ah bon, qu'est-ce qui se passe ?

■ ÉCOUTE 2 PAGE 15

- *Karen :* – Alors Mathias, il paraît que tu quittes la *boîte ?
- *Mathias :* – Ça, c'est Géraldine qui te l'a dit.
- *Karen :* – Pas du tout, c'est la secrétaire. Elle m'a dit que tu avais réussi le concours de bibliothécaire.
- *Mathias :* – Oui, c'est vrai. Je suis vraiment content. Je vais aller habiter à Lyon.
- *Karen :* – Ah bon, on m'a dit que tu allais travailler à Marseille ?
- *Mathias :* – Non, j'ai choisi Lyon finalement. J'ai des amis là-bas. Et toi, j'ai entendu dire que tu partais aussi ?
- *Karen :* – Oui, peut-être. Enfin, ce n'est pas sûr encore. Tu sais que ma sœur habite à Lille ?
- *Mathias :* – Oui.
- *Karen :* – Elle s'ennuie toute seule là-bas. Elle m'a assuré que je trouverais du travail sans problème. J'hésite.
- *Mathias :* – N'hésite pas, c'est une ville très *sympa.
- *Karen :* – Oui, on m'a dit que c'était *super et que je gagnerais mieux ma vie qu'ici.
- *Mathias :* – Ça c'est sûr, il faut choisir, le soleil ou l'argent !

■ ÉCOUTE 3 PAGE 17

- *Un homme :* – Tu as vu Lucie dernièrement ?
- *Une femme :* – Lucie ? Non, mais j'ai entendu dire qu'elle allait retourner à Bordeaux, dans sa famille.
- *Un homme :* – Ah bon, pourquoi ?
- *Une femme :* – Je ne sais pas mais… ses parents auraient des problèmes.
- *Un homme :* – Des problèmes ?
- *Une femme :* – On dit que son père mènerait une double vie.
- *Un homme :* – Comment ça, une double vie ?
- *Une femme :* – Ben… il aurait une autre femme dans sa vie. Et en plus, il aurait une autre fille, du même âge que Lucie.
- *Un homme :* – Et il aurait réussi à cacher ça pendant plus de vingt ans ?
- *Une femme :* – Il paraît.
- *Un homme :* – Et Lucie, elle n'était pas au courant ?
- *Une femme :* – Je ne crois pas. Elle ne m'en a jamais parlé, en tout cas.
- *Un homme :* – Incroyable !
- *Une femme :* – Bon, tout ça, c'est les on-dit. Je ne l'ai pas vue depuis deux jours, je ne suis sûre de rien. S'il te plaît, ne va pas raconter ça à tout le monde !
- *Un homme :* – Tu me connais. Motus et bouche cousue !
- *Une femme :* – Oui, justement… je te connais !

■ ÉCOUTE 1 PAGE 20

- *Un homme âgé :* – Oui, autrefois c'était différent. Les gens se réunissaient, discutaient, jouaient aux cartes…
- *Une jeune fille :* – Tu comprends bien que ce n'est plus possible aujourd'hui ?
- *Un homme âgé :* – Oui, mais… je le regrette. Tu vois, quand j'étais jeune…
- *Une grand-mère :* – Et alors ?
- *Une jeune fille :* – Alors, son fils a claqué la porte et il a disparu. Il est rentré le soir et il est allé se coucher sans dire un mot.

- *Une grand-mère :* – Quand-même, de mon temps, les enfants étaient mieux élevés !

- *Une jeune fille :* – Eh oui Mamie ! Même moi, quand j'étais petite…

- *Un homme :* – Vous savez, dans le temps, cette usine employait 1 500 salariés. Quand elle a fermé en 1978, ça a été une catastrophe pour toute la région.

- *Une femme :* – Il n'y avait pas de plan social pour les ouvriers en ce temps-là ?

- *Un homme :* – Si, bien sûr, mais avant, ils n'étaient pas très efficaces.

- *Un homme âgé :* – Ah, dans ma jeunesse, j'étais sûr que je réussirais. J'ai tout fait pour ça, et ça a marché. Les jeunes d'aujourd'hui ne sont plus aussi volontaires.

- *Un jeune homme :* – Ce n'est pas le problème. À l'époque, c'était beaucoup plus facile. Il suffisait de vouloir !

■ ÉCOUTE 2 PAGE 21
(Dans la rue, bruits de voiture – les personnes qui parlent sont un peu en colère)

- *Un homme âgé 1 :* – Dans ma jeunesse, les jeunes marchaient à pied ou se déplaçaient en vélo. Maintenant, ils veulent tous une voiture. Bien sûr que la circulation est devenue impossible !

- *Une femme âgée 1 :* – Aujourd'hui, on voit des filles dans les rues à toute heure du jour et de la nuit. Moi, de mon temps, les filles ne sortaient pas le soir !

- *Une femme âgée 2 :* – Autrefois, on respectait les personnes âgées. De nos jours, c'est fini tout ça.

- *Un homme âgé 2 :* – Avant, les femmes s'occupaient de leurs enfants. À présent, elles ne pensent qu'à faire carrière !

- *Une femme âgée 3 :* – Peut-être, mais moi quand j'étais jeune, je travaillais tout le temps, même le week-end. Au moins, les gens d'aujourd'hui, ils ont du temps libre !

■ ÉCOUTE 3 PAGE 22
(Gingle radio)

- *Présentateur :* – Professeur Lajaunie, vous venez de quitter votre poste aux hôpitaux de Paris. J'imagine qu'au cours de votre longue carrière, vous avez vu des changements importants dans la médecine.

- *Pr Lajaunie :* – Oui, bien sûr. Elle est beaucoup plus efficace qu'avant. Elle a énormément progressé en quelques décennies. La baisse de la mortalité infantile est particulièrement spectaculaire. La vaccination systématique a permis une amélioration considérable de la santé publique. Autrefois, on ne s'occupait de la maladie que lorsqu'elle était déclarée. À présent, grâce à la médecine préventive, on peut dans certains cas arrêter son évolution avant l'apparition des premiers symptômes. C'est un progrès extraordinaire. Et puis, la technique médicale s'est aussi beaucoup développée. De nos jours, la technologie moderne est devenue une aide indispensable à la médecine et à la chirurgie.

- *Présentateur :* – Votre bilan personnel est-il positif ?

- *Pr Lajaunie :* – Je pense avoir fait mon possible pour aider mes semblables. Bien sûr, on a toujours des regrets. Je voudrais avoir passé plus de temps avec les enfants, je regrette de ne pas être allé plus souvent en mission dans les pays défavorisés, je suis triste de ne pas avoir réussi tous mes combats contre la maladie, mais la vie est trop courte pour tout faire. À trente-cinq ans, je pensais avoir réalisé beaucoup de choses, aujourd'hui à soixante-cinq ans, je n'en suis plus aussi sûr.

UNITÉ 2 • LEÇON 1

■ ÉCOUTE 1 PAGE 28 24

- *Étranger 1:* – Moi, j'apprendrai le français jusqu'au mois de décembre.
- *Étranger 2:* – Moi, jusqu'à ce que je n'aie plus d'accent.
- *Étranger 3:* – Moi, jusqu'à ce que mon *prof. me mette 20 sur 20.
- *Étranger 4:* – Moi, jusqu'à ce que je puisse parler couramment.
- *Étranger 5:* – Et moi, jusqu'à la fin de ma vie, je crois!

25

- *Parent 1:* – Moi, je pense que le plus important, c'est de bien s'occuper des enfants avant l'âge de six ans.
- *Parent 2:* – Oui. En tout cas, il faut être très attentif avant qu'ils soient adolescents.
- *Parent 3:* – Et avant que leurs copains ne prennent trop d'importance dans leur vie.
- *Parent 4:* – Aussi, les parents doivent bien écouter leurs enfants avant de prendre des décisions importantes pour eux.
- *Parent 5:* – Bien sûr, et ils doivent aussi bien réfléchir avant de leur donner des conseils.

26

- *Journaliste 1:* – Le Président s'est retiré dans sa résidence secondaire en attendant que le gouvernement prenne une décision au sujet de sa proposition de loi.
- *Journaliste 2:* – À mon avis, c'est plutôt en attendant la fin des émeutes.
- *Journaliste 3:* – Mais non, il s'est retiré en attendant que son Premier ministre démissionne.
- *Journaliste 4:* – Pas du tout, c'est en attendant l'avis de son conseiller personnel.
- *Journaliste 5:* – Mais non, il préfère ne rien dire en attendant de trouver une solution au problème!

■ ÉCOUTE 2 PAGE 29

- *Une femme:* – Quelle histoire!
- *Un homme:* – De quoi tu parles?
- *Une femme:* – Tu n'as pas écouté les *infos?
- *Un homme:* – Non, qu'est-ce qui se passe?

- *Une femme:* – Un homme a passé tout le week-end bloqué dans un ascenseur. Quand il a quitté son bureau vendredi, un peu avant 20 heures, tout était éteint dans l'entreprise. Il a appelé l'ascenseur, il est monté dedans, il a appuyé sur le zéro et deux secondes après, l'ascenseur s'est bloqué. Il a actionné le signal d'alarme et, très calme, il s'est assis par terre en attendant que les secours arrivent. Une heure après, il en était toujours au même point. Alors, il a décidé de dormir là, jusqu'à ce que quelqu'un s'aperçoive de sa présence.
- *Un homme:* – Il n'avait pas de téléphone portable?
- *Une femme:* – Non, il l'avait oublié sur son bureau.
- *Un homme:* – Et il est resté là-dedans jusqu'à quand?
- *Une femme:* – Jusqu'au lundi matin. C'est la femme de ménage qui l'a réveillé à 5 heures. Quand elle a vu que l'ascenseur était bloqué, elle a téléphoné à l'entreprise qui s'occupe de l'entretien pour appeler un dépanneur. En l'attendant, elle a arpenté les étages en criant à tue-tête « *y a quelqu'un? *y a quelqu'un? » et lui, ça l'a réveillé.
- *Un homme:* – Il devait être furieux!
- *Une femme:* – Pas du tout. Quand il est sorti, il a dit que c'était la première fois depuis bien longtemps qu'il avait autant dormi!

■ ÉCOUTE 3 PAGE 30

Deux femmes.

- *A:* – Tu auras fini ce compte-rendu avant 8 heures?
- *B:* – Oui, j'espère. Pourquoi?
- *A:* – Quand tu auras terminé, on pourra peut-être aller au cinéma?
- *B:* – Encore! Mais tu y es déjà allée trois fois cette semaine!

- *A :* — C'est vrai, mais tu sais, quand j'aurai repris mes cours du soir, je ne pourrai plus sortir avant un bon moment. J'en profite avant que ça commence.
- *A :* — Ça commence quand ?
- *B :* — Le 15 janvier ; et j'en ai pour jusqu'au mois de juin.
- *B :* — Tu penses avoir l'examen ?
- *A :* — Ben… j'espère.
- *B :* — Et quand tu auras réussi ça, qu'est-ce que tu feras ?
- *A :* — Je ne sais pas encore ; peut-être que je continuerai, peut-être aussi que…

• LEÇON 2

■ ÉCOUTE 1 PAGE 34
(Dans la rue)

- *Un homme :* — La police dit qu'il y avait environ cinq cents personnes.
- *Une femme :* — Cinq cents ? Tu plaisantes ? Il y en avait bien deux mille !
- *Un homme :* — Bon, allez, entre les syndicats et la police, on coupe la poire en deux. Disons qu'il y en avait à peu près mille !

(Dans une gare)

- *Une femme :* — J'ai entendu dire qu'il avait approximativement deux heures de retard.
- *Un homme :* — Deux heures ! Ce n'est pas possible ! On va arriver à quelle heure ?
- *Une femme :* — Vers minuit et demi je pense.

(Dans une voiture)

- *Un homme A :* — Combien tu as sur toi ?
- *Un homme B :* — *J'en sais rien.
- *Un homme A :* — Mais… *grosso modo ?
- *Un homme A :* — *Grosso modo… dix euros. Et toi ?
- *Un homme A :* — Presque cinq.
- *Un homme B :* — Eh ben… on ne va pas aller loin avec ça !

■ ÉCOUTE 2 PAGE 35

- *Un jeune homme :* — Mademoiselle, s'il vous plaît, vous avez le programme de l'excursion de cet après-midi ?
- *Une jeune femme :* — Eh bien… non, mais… je peux peut-être vous renseigner. Que voulez-vous savoir ?
- *Un jeune homme :* — Savez-vous si on part avant ou après le déjeuner ?
- *Une jeune femme :* — Après. Le départ est fixé à 13 heures, une fois que tout le monde aura terminé les cours. Mais… vous devez prévoir de déjeuner avant, ou alors, emportez quelque chose à grignoter une fois dans le car.
- *Un jeune homme :* — Bonne idée. Et… vous pensez que le car partira à 13 heures précises ?
- *Une jeune femme :* — En principe oui. Dès que tout le monde sera arrivé, il partira. C'est-à-dire *grosso modo entre 13 heures et 13 heures 15 au plus tard.
- *Un jeune homme :* — Et, après avoir visité la ville de Nîmes, qu'est-ce qu'on va faire ?
- *Une jeune femme :* — Vous irez au Pont du Gard. C'est un aqueduc romain, vous verrez, c'est très intéressant.
- *Un jeune homme :* — Merci beaucoup. Euh… pardon, le retour est prévu à quelle heure ?
- *Une jeune femme :* — Vers 18 heures 30, mais… avec les embouteillages, on ne peut jamais prévoir exactement.

■ ÉCOUTE 3 PAGE 36

- *Une Japonaise :* — Il y a beaucoup d'immigrés en France, il me semble.
- *Un Français :* — Bien sûr, comme dans tous les pays d'Europe j'imagine.
- *Une Japonaise :* — Chez moi, au Japon, c'est différent, il y en a beaucoup moins. Dès que je suis arrivée en France, ça m'a étonnée de voir tous ces visages différents. Pourquoi tous ces étrangers viennent-ils ici ?
- *Un Français :* — Ça dépend. Tous n'ont pas les mêmes raisons. La plupart viennent pour des raisons privées ou familiales. Certains sont

mariés à des Français, d'autres ont des parents ou des enfants français. Quelques-uns ont un travail permanent en France. En 2003, ils étaient environ 6 500. Bien sûr, après avoir travaillé quelques années en France, la plupart d'entre eux font venir leur famille, c'est ce qu'on appelle le regroupement familial.

- *Une Japonaise :* — Et les autres ?

- *Un Français :* — Eh bien… il y a aussi des visiteurs comme toi, et des réfugiés. En 2003, à peu près 1 400 Japonais sont venus vivre en France.

- *Une Japonaise :* — Comment tu sais ça ?

- *Un Français :* — Grâce à l'INSEE, l'Institut National de la Statistique et des Études Économiques. On peut trouver un tas d'informations sur leur site Internet.

- *Une Japonaise :* — Qu'est-ce que tu en penses, toi, de l'immigration ?

- *Un Français :* — Je trouve que c'est inévitable. Il faut apprendre à vivre les uns avec les autres c'est tout. La France est devenue un pays multiculturel, c'est aussi une richesse. Et toi, qu'en penses-tu ?

• LEÇON 3

■ ÉCOUTE 1 PAGE 40   15

- *Une femme A :* — Tu regrettes ?

- *Une femme B :* — Je ne sais pas. Dans le fond, il était plutôt *sympa.

- *Une femme A :* — Bien sûr. Je te l'avais dit.

- *Un homme :* — Bon, on y va ?

- *Une femme :* — Je ne suis pas encore prête.

- *Un homme :* — Dépêche-toi !

- *Une femme :* — Tout compte fait, je crois que je n'ai plus envie d'y aller.

- *Un homme :* — Bon, tu te décides ? Tu le prends ou tu ne le prends pas ?

- *Une femme :* — Qu'est-ce que tu en penses, toi ?

- *Un homme :* — Ce n'est pas moi qui vais le mettre !

- *Une femme :* — En fait, je ne suis pas sûre qu'il me plaise.

- *Un homme :* — Alors, c'est d'accord ? À six heures devant le magasin ?

- *Une femme :* — Ben… finalement, je préférerais six heures et demie.

- *Un homme :* — Pourquoi ? Tu dois faire autre chose avant ?

■ ÉCOUTE 2 PAGE 41   Track 16

- *Carole :* — Qu'est-ce que tu fais, Nadine, lorsque ton mari va jouer au foot avec ses copains ?

- *Nadine :* — Ben… avant, je passais tout l'après-midi à me répéter que c'était un monstre d'égoïsme, mais maintenant, je sors avec mes copines, et je suis bien contente d'être un peu tranquille.

- *Carole :* — Moi, je ne le supporterais pas ! Le jour où il m'a dit qu'il voulait reprendre l'entraînement, je lui ai fait une scène… terrible. Depuis, il n'en parle plus.

- *Nadine :* — Pourquoi tu as fait ça ? Tu sais, Carole, c'est bien aussi d'avoir un peu la paix de temps en temps. Pendant qu'il n'est pas là, tu peux faire ce que tu veux.

- *Carole :* — Et qu'est-ce que tu veux que je fasse ? J'ai toujours envie d'être avec lui.

- *Nadine :* — Et quand il travaille ?

- *Carole :* — Ce n'est pas la même chose. Au moment où il travaille, je n'y pense pas.

- *Nadine :* — Vous allez mourir étouffés tous les deux si tu continues comme ça !

- *Carole :* — Et toi, ça t'est égal de savoir ton mari à droite et à gauche ?

- *Nadine :* — Oui, j'ai confiance. Tant qu'il me dit où il va, je ne me fais pas de soucis. Non, ce qui m'énerve, c'est quand il téléphone à sa mère pendant des heures alors que je l'attends pour faire autre chose. À part ça… c'est tout.

- *Carole :* — Ah moi, sa mère, c'est une fois par mois. Pas plus !

- *Nadine :* — Eh ben dis donc, Tu es un vrai tyran, toi !

- *Carole :* — Non ? Tu trouves ?

■ ÉCOUTE 3 PAGE 42   Track 17

- *M. Rouvière :* — Asseyez-vous, je vous prie.

- *Mme Lalande :* — Merci.

- *M. Rouvière :* – Lors de notre dernier entretien, je vous avais laissé entrevoir que nous aurions peut-être besoin de vos services pour ce deuxième trimestre. Êtes-vous toujours disponible ?

- *Mme Lalande :* – Oui, bien sûr. Je serai absente au moment des fêtes de Pâques mais je ne pense pas que ça pose un problème ?

- *M. Rouvière :* – Non, pas du tout. Nous ne proposons pas de formation au cours de cette semaine-là. Et… qu'avez-vous fait pendant le premier trimestre ?

- *Mme Lalande :* – J'ai été sollicitée par la Chambre de commerce mais au moment de commencer la formation, ma fille est tombée malade et j'ai dû renoncer. Je ne pouvais pas prendre le risque de devoir arrêter en plein milieu du stage.

- *M. Rouvière :* – Vous avez bien fait. Il est très important d'être fiable.

(Quelqu'un frappe à la porte et entre sans attendre de réponse)

- *Sophie :* – Monsieur, s'il vous plaît…

- *M. Rouvière :* – Vous voyez bien que je suis occupé, Sophie. Je vous ai déjà demandé de ne pas me déranger durant les entretiens.

- *Sophie :* – Excusez-moi… je ne savais pas…

(La porte se ferme)

- *M. Rouvière :* – Bien, je peux compter sur vous, madame Lalande ?

- *Mme Lalande :* – Tout à fait, monsieur Rouvière. Je propose que …

UNITÉ 3 • LEÇON 1

■ ÉCOUTE 1 PAGE 48

- *Une femme :* – Oh ! Mais *c'est pas vrai ! C'est une catastrophe ! Regarde dans quel état est le jardin.

- *Un homme :* – On n'y peut rien, c'est comme ça.

- *Une femme :* – Je sais bien, mais tu te rends compte, tout ce travail pour rien !

- *Une femme :* – Mais enfin, Louis, il faut l'aider, on ne peut pas le laisser comme ça !

- *Un homme :* – Il n'y a rien à faire, ma chérie. Je suis désolé.

- *Une femme :* – Mais ce n'est pas possible, regarde comme il souffre !

- *Une femme A :* – Tu ne vas quand même pas accepter ça ? C'est ta maison, tout de même !

- *Une femme B :* – Qu'est-ce que tu veux y faire ? Il faut se faire une raison, c'est comme ça.

- *Une femme A :* – Mais non, il ne faut pas baisser les bras. C'est lui qui doit partir.

- *Un homme A :* – Alors ?

- *Un homme B :* – Alors elle est partie… avec le chien.

- *Un homme A :* – C'est comme ça que ça devait finir !

- *Un homme B :* – Et pourquoi ? Ce n'est pas une fatalité, quand même !

■ ÉCOUTE 2 PAGE 49

- *Une jeune fille :* – Bon, qu'est-ce que je fais maintenant ? Quand mes parents vont me voir en couverture de ce magazine, je vais avoir des problèmes.

- *Une femme :* – Qu'est-ce que tu veux y faire ? C'est trop tard maintenant, tu aurais dû y penser avant.

- *Une jeune fille :* – Oui, mais… je ne pensais pas gagner le concours. J'ai fait ça pour rire.

- *Une femme :* – N'empêche que tu aurais dû en parler à tes parents.

- *Une jeune fille :* – Ils n'auraient pas compris !

- *Une femme :* – Tu aurais pu essayer d'en discuter avec eux quand même.

- *Une jeune fille :* – Je suis sûre qu'ils n'auraient pas été d'accord.

- *Une femme :* – Ça, pour en être sûre, tu aurais dû le leur demander.

- *Une jeune fille :* – J'aurais dû, j'aurais dû… C'est bien beau tout ça, mais maintenant, qu'est-ce que je fais ?

- *Une femme :* – Tu vas leur dire la vérité avant qu'ils la découvrent eux-mêmes.

- *Une jeune fille :* – Aïe aïe aïe ! C'est comme ça que ça devait finir !

■ ÉCOUTE 3 PAGE 50

- *Une femme :* — Oh là là ! … J'aurais dû écouter François ! Mais pourquoi j'ai fait ça ?

- *Un homme :* — Qu'est-ce qui t'arrive encore ?

- *Une femme :* — Une catastrophe ! J'ai donné ma démission au travail avant d'avoir la réponse de Carrefour.

- *Un homme :* — Et alors ? Tu es sûre d'avoir le poste à Carrefour non ?

- *Une femme :* — Ça, c'est ce que je pensais, mais finalement, ils ont choisi une autre candidate !

- *Un homme :* — Aïe ! Bon, maintenant, il faut prendre les choses comme elles sont.

- *Une femme :* — J'ai tout fait trop vite. Maintenant, *je m'en mords les doigts.

- *Un homme :* — Je comprends, mais qu'est-ce que tu veux y faire ? C'est comme ça.

- *Une femme :* — Comme je regrette de ne pas avoir écouté François. Il m'avait prévenue que tout pouvait changer jusqu'à la dernière minute. Il aurait fallu que j'attende deux jours… Qu'est-ce que c'est deux jours ?

- *Un homme :* — Ça, c'est vrai, ce n'est pas très malin.

- *Une femme :* — Le jour où j'ai envoyé cette lettre, j'aurais mieux fait de me casser une jambe !

- *Un homme :* — Et, tu ne peux pas essayer de rattraper ça avec ton employeur ?

- *Une femme :* — Comment ? Tu plaisantes ?

• LEÇON 2

■ ÉCOUTE 1 PAGE 54

- *Un homme :* — Allez… ne vous en faites pas… ça va s'arranger.

- *Une femme :* — Mais vous ne vous rendez pas compte ! Qu'est-ce que je vais devenir moi maintenant ?

- *Un homme :* — Vous allez trouver autre chose… Ne vous inquiétez pas. D'ailleurs, je ne suis pas sûr que vous soyez faite pour ce travail.

- *Un enfant :* — Maman, j'ai peur qu'on ne le retrouve pas !

- *Une femme :* — Mais si, on va le retrouver, mon chéri, n'aie pas peur. Maintenant, tu vas aller te coucher et fermer tes petits yeux. Ne te fais pas de soucis, je suis sûre qu'on le retrouvera demain.

- *Une femme :* — Je sens que ça va faire mal.

- *Un homme :* — Mais non, je vous assure. Ne craignez rien. Avec la nouvelle technologie, on ne sent pratiquement rien. Détendez-vous, tout ira bien.

- *Une femme :* — Mon sac ! Ce n'est pas possible ! Il était là il y a deux minutes ! Oh !

- *Un homme :* — Pas de panique ! Réfléchis bien. Tu l'as laissé où exactement ?

- *Une femme :* — Mais je n'ai pas besoin de réfléchir. Je l'avais posé là… sur la chaise et… Ce n'est pas possible !

- *Un homme :* — Ne t'affole pas. Quelqu'un l'a peut-être porté à la caisse.

■ ÉCOUTE 2 PAGE 55

(La scène se passe dans une voiture. Bruit de moteur. La voiture freine)

- *Un homme :* — Voilà, c'est là. Je vais me garer en face.

- *Une femme :* — Comment, c'est là… Mais… c'est un hôtel ? Et un quatre étoiles au moins !

- *Un homme :* — Oui, mais… C'est sympa, tu vas voir.

(Il coupe le moteur)

- *Une femme :* — Mais… Si j'avais su, je ne me serais pas habillée comme ça !

- *Un homme :* — Et pourquoi ?

- *Une femme :* — Je suis habillée comme pour aller à un pique-nique et tu m'amènes dans un hôtel de luxe !

- *Un homme :* — Ne t'en fais pas, mes amis sont très simples, tout ira bien.

- *Une femme :* — Et ce petit bouquet de fleurs ridicule que j'ai apporté ? Si j'avais su, j'aurais choisi autre chose. J'aurais pris une boîte de chocolats ou… je ne sais pas moi… quelque chose d'autre !

- *Un homme :* — Ne t'inquiète pas, c'est sans importance.

- *Une femme :* — Mais Franck, c'est la première fois que tu me présentes à tes amis, j'aurais voulu leur faire bonne impression.
- *Un homme :* — Rassure-toi ma chérie. Je suis sûr que tu vas leur faire très bonne impression.
- *Une femme :* — Regarde la femme qui vient de sortir avec le verre à la main !
- *Un homme :* — Ha ! C'est Agathe, la femme de mon frère !
- *Une femme :* — Mais Franck… elle est en robe du soir !

■ ÉCOUTE 3 PAGE 56

(Des personnes âgées)

- *Un homme A :* — Moi, si j'avais eu beaucoup d'argent, je n'aurais pas travaillé.
- *Une femme A :* — Eh bien moi, si j'avais eu plus de temps libre, j'aurais fait de la peinture.
- *Une femme B :* — Moi, si j'avais mieux étudié à l'école, je serais devenue médecin.
- *Un homme B :* — Et moi, si je ne m'étais pas marié, j'aurais fait le tour du monde.
- *Un homme C :* — Ça, c'est une bonne idée. Moi, si je m'étais marié, j'aurais voulu avoir beaucoup d'enfants.
- *Un homme A :* — Et toi, Gisèle, qu'est-ce que tu aurais aimé changer dans ta vie ?
- *Une femme C :* — Moi ? … Je ne sais pas. Je crois que si j'avais fait autre chose de ma vie, je ne serais ni plus heureuse ni plus malheureuse aujourd'hui. J'aurais quand même quatre-vingts ans. Qu'est-ce que ça changerait ?

• LEÇON 3

■ ÉCOUTE 1 PAGE 60

- *Une femme :* — Puisque la décision est prise, je crois qu'il est inutile que nous en parlions davantage. De toute façon…
- *Un homme :* — Excusez-moi de vous interrompre, mais je pense que beaucoup de gens ici ne sont pas d'accord avec vous. Nous devons continuer à nous battre pour protéger nos intérêts.

- *Une femme :* — Mais, monsieur, vous ne pensez pas qu'il est trop tard ?
- *Une femme :* — C'est très simple, si vous n'étiez pas là à la dernière réunion, vous ne pouvez pas participer au vote.
- *Un homme :* — Je pense que…
- *Une femme :* — Vous comprendrez que l'on doit respecter les règles.
- *Un homme :* — Oui mais…
- *Une femme :* — Nous allons donc commencer…
- *Un homme :* — Mais, laissez-moi parler, s'il vous plaît ! Je ne suis absolument pas d'accord avec vous !
- *Un homme :* — Ce qui s'est passé, c'est que la femme a traversé alors que le feu pour les piétons était au rouge et…
- *Une femme :* — Je vous demande pardon mais moi, je suis témoin, j'ai tout vu et je peux vous dire que le feu était au vert.
- *Un homme :* — Et où étiez-vous exactement quand l'accident est arrivé ?
- *Un homme :* — Bien, puisque tout le monde est là, nous allons commencer.
- *Une femme :* — Je peux dire un mot ?
- *Un homme :* — Oui, bien sûr.
- *Une femme :* — Gérard nous invite tous à prendre un verre chez lui samedi à 18 heures.

■ ÉCOUTE 2 PAGE 61

- *Une femme :* — Et si on invitait mes parents le week-end prochain, ce serait une bonne idée, non ?
- *Un homme :* — Ben… Je ne sais pas moi… Qu'est-ce qu'on pourrait faire avec eux ? Il ferait beau, on pourrait aller se promener autour du lac… Mais la météo n'est pas très optimiste.
- *Une femme :* — C'est vrai, mais… On pourrait aller au cinéma le dimanche après-midi.
- *Un homme :* — Tu plaisantes ? On n'a pas du tout les mêmes goûts qu'eux en matière de cinéma ! Ta mère n'aime que les films romantiques et ton père ne va voir que les films de guerre.
- *Une femme :* — Ben… Au cas où on ne pourrait pas se mettre d'accord, on pourrait aller au musée ?
- *Un homme :* — Ah non ! Tu sais bien que j'ai horreur de ça !

- *Une femme :* – Alors, on restera à la maison !
- *Un homme :* – Je te demande pardon, mais j'ai le droit de donner mon avis !
- *Une femme :* – D'accord ! Je ferai la cuisine avec ma mère et toi, tu joueras aux échecs avec mon père. Ça lui fera plaisir.

- *Un homme :* – Ça finit toujours comme ça !
- *Une femme :* – Bon, je les appelle tout de suite.

(Bruits de pas, la jeune femme s'éloigne)

- *Un homme :* – Mélanie !
- *Une femme :* – Oui, quoi ?
- *Un homme :* – Dis, dans l'hypothèse où ils auraient prévu autre chose, n'insiste pas !

UNITÉ 4 • LEÇON 1

■ ÉCOUTE 1 PAGE 68

- *Un homme A :* – Monsieur Dumas, j'approuve totalement votre projet. J'apprécie votre esprit d'initiative. Vous pouvez compter sur moi pour vous soutenir auprès du directeur.

- *Un homme B :* – Eh bien moi, malheureusement, je ne suis pas de votre avis. Le projet de monsieur Dumas me semble très irréaliste. Inutile de préciser que je suis absolument contre. J'espère ne pas vous froisser, monsieur Dumas ?

- *Un homme :* – Alors, … pour ce soir, je propose le restaurant indien et… une ballade romantique sur la plage, au clair de lune. Qu'en penses-tu ?

- *Une femme :* – Je n'ai aucune objection ! Ce programme me convient parfaitement. Et qu'est-ce que tu dirais d'un petit bain de minuit ?

- *Le directeur :* – Mademoiselle Belin, je désapprouve totalement votre attitude. Vous devez maintenir de bonnes relations avec vos collègues.

- *Melle Belin :* – Mais… monsieur le directeur, les pratiques de monsieur Moreau sont inacceptables ! Tout le monde les condamne mais personne n'ose en parler !

- *Une femme A :* – Vous avez lu mon rapport sur l'incident de samedi ?
- *Une femme B :* – Oui, je n'y trouve rien à redire, c'est parfait.
- *Une femme A :* – Et… qu'est-ce que vous pensez de la conclusion ?

- *Une femme B :* – Je suis tout à fait d'accord avec vous. Je réprouve la manière dont les vendeurs se sont comportés. C'est inadmissible.

- *Une femme :* – Bon, on y va ou on n'y va pas ?
- *Un homme :* – Moi, je n'ai rien contre.
- *Une femme :* – Alors on y va. Si tu es d'accord, il n'y a pas de problème

■ ÉCOUTE 2 PAGE 69

- *Une femme A :* – Tu as vu le match de foot hier à la télé ?
- *Une femme B :* – Tu plaisantes ? Le foot, ça ne m'intéresse pas du tout !
- *Une femme A :* – Ah bon ? Moi, ça me plaît. Je le regarde souvent avec mon mari.
- *Une femme B :* – Moi, ça m'énerve. Et puis… tous ces hommes qui courent dans tous les sens, ça me fatigue.
- *Une femme A :* – C'est bizarre, moi ça me détend.

(Un peu énervée)

- *Une femme B :* – Chacun ses goûts !
- *Une femme A :* – Ne t'énerve pas ! On n'est pas d'accord, ce n'est pas grave ! Toi, tu aimes les courses de chevaux, moi ça m'ennuie ; mais je n'ai rien à redire là-dessus, tu fais ce que tu veux.
- *Une femme B :* – Bon, ça suffit maintenant. On change de conversation ?

■ ÉCOUTE 3 PAGE 70

- *Mme Lamart :* – Vous savez, mademoiselle Breton, ça ne me plaît pas beaucoup cette histoire.
- *Melle Breton :* – Mais c'est seulement pour une nuit, madame Lamart. Ça ne gênera personne qu'il dorme ici.
- *Mme Lamart :* – Oui, mais c'est interdit. Moi, ça m'ennuie de fermer les yeux. Et en plus, je ne suis pas sûre que votre mère m'approuverait.

• *Melle Breton :*	– Ma mère ? Elle n'y trouverait rien à redire. Elle le connaît très bien, Alex. Allez, madame Lamart, je vous promets qu'il repartira demain matin très tôt. Personne ne le verra.
• *Mme Lamart :*	– J'espère bien !
• *Melle Breton :*	– Alors, vous êtes d'accord ? Ça me fait vraiment plaisir que vous acceptiez !
• *Mme Lamart :*	– Je n'ai pas dit que j'acceptais !
• *Melle Breton :*	– Pas encore, mais… je sens que ça vous ferait de la peine de refuser
• *Mme Lamart :*	– Ben… j'ai été jeune moi aussi. Quand j'ai rencontré mon Lucien, ça ne se passait pas comme ça !
• *Melle Breton :*	– Ça, ça m'amuserait que vous me racontiez comment vous avez rencontré monsieur Lamart.
• *Mme Lamart :*	– Ah ! C'est une vieille histoire ! C'était le 14 juillet, il y a quarante-cinq ans !
• *Melle Breton :*	– Eh bien, … je suis désolée mais… je n'ai pas beaucoup de temps aujourd'hui, demain peut-être ? Et merci encore pour votre compréhension.

• LEÇON 2

■ ÉCOUTE 1 PAGE 74

• *Une femme A :*	– Écoute, il faut prendre une décision, on ne va pas parler de ça toute la semaine. Moi, il me paraît sérieux. On pourrait le prendre à l'essai ?
• *Une femme B :*	– C'est comme tu veux. Moi, il m'a l'air un peu gamin mais… on peut essayer une semaine… On verra bien.
• *Une femme A :*	– Tu crois qu'il ne fera pas l'affaire ?
• *Un homme :*	– J'estime qu'elle ne doit pas nous parler sur ce ton.
• *Une femme :*	– Pfff ! … Tu as raison, mais elle a 15 ans. Il me semble que j'ai bien dû être un peu comme ça à son âge. Tu as l'impression qu'on a raté son éducation ?

• *Un homme :*	– Je ne dis pas ça, mais, elle pourrait faire des efforts. Elle me paraît un peu nerveuse en ce moment. Tu ne trouves pas ?
• *Une jeune fille :*	– Alors, on la prend ? Moi, je la trouve super !
• *Un jeune homme :*	– Je suppose que je n'ai pas le choix ?
• *Une jeune fille :*	– Mais si, bien sûr ! Tu sais bien que, finalement, c'est toujours toi qui décides.
• *Un jeune homme :*	– Tu ne préfères pas la verte ?
• *Une jeune fille :*	– Tu vois, j'en étais sûre ! J'imagine que je dois changer d'avis ?
• *Un homme :*	– Je trouve l'idée intéressante mais je me demande si elle est réalisable.
• *Une femme :*	– Pourquoi pas ? Je vais en parler à François. Je le crois capable de nous fabriquer ça.
• *Un homme :*	– Ce serait bien. On pourrait se rafraîchir quand on veut.
• *Une femme :*	– Oui… Je pense qu'on va avoir un été très agréable.

■ ÉCOUTE 2 PAGE 76

• *Une femme :*	– Alors, cette pétition, tu la fais circuler oui ou non ?
• *Un homme :*	– J'hésite encore, je ne suis pas sûr que ce soit nécessaire.
• *Une femme :*	– Pourquoi ?
• *Un homme :*	– Il semble qu'il y ait une contre-proposition pour le tracé de la voie rapide. Au lieu de passer près des maisons, elle passerait à 2 kilomètres, ça changerait tout.
• *Une femme :*	– Je ne crois pas que cette hypothèse soit sérieuse.
• *Un homme :*	– Peut-être, mais il me paraît quand même nécessaire qu'on attende un peu avant de lancer l'opération.
• *Une femme :*	– J'ai l'impression qu'ils nous mènent en bateau avec cette histoire. Je ne crois pas qu'ils aient l'intention de modifier leur projet.
• *Un homme :*	– Qu'est-ce que tu proposes ?

- *Une femme :* — J'estime qu'ils doivent nous tenir au courant de l'évolution du projet. Je ne trouve pas la situation très claire. On doit demander une réunion d'information publique.

- *Un homme :* — Oui, tu as peut-être raison, mais je doute qu'ils soient disposés à en faire une.

- *Une femme :* — Tu es pessimiste. Dans tous les cas, je trouve normal qu'on en fasse la demande.

- *Un homme :* — Pourquoi pas?

• LEÇON 3

■ ÉCOUTE 1 PAGE 80

- *Une femme A :* — Ah! Pourvu qu'il accepte!
- *Une femme B :* — Et pourquoi il refuserait?
- *Une femme A :* — Ben… je ne sais pas moi. J'imagine que je ne suis pas la première à le lui demander. Mais… ça me ferait tellement plaisir qu'il dise oui!

- *Une femme :* — Tu sais, ça me dirait bien de partir avec toi.
- *Un homme :* — Eh ben viens, je t'emmène.
- *Une femme :* — C'est vrai? Tu m'emmènerais avec toi?
- *Un homme :* — Bien sûr! Je n'osais pas te le demander mais j'espérais bien qu'on en parlerait avant mon départ.
- *Une femme :* — Cette fois, je le sens. C'est pour cette semaine, tu vas voir.
- *Un homme :* — Depuis deux ans, tu me dis ça tous les samedis… J'aimerais bien que ce soit vrai finalement. Quand je pense que ça n'arrivera sûrement jamais… *(Soupir)*
- *Une femme :* — Règle numéro un, ne jamais désespérer. Je serais contente que tu n'oublies pas ça, mon chéri!

- *Une femme :* — Je voudrais bien qu'on l'achète cette année.
- *Un homme :* — Cette année, cette année… Ça va être un peu difficile. Il faut qu'on fasse encore quelques économies.
- *Une femme :* — Tu es sûr? J'ai tellement envie qu'on se décide maintenant. On pourrait peut-être refaire les comptes?
- *Un homme :* — Moi aussi, ça me tente.

■ ÉCOUTE 2 PAGE 82

- *Un homme :* — Alors, ta fille, tu as des nouvelles?
- *Une femme :* — Non. J'aimerais tant qu'elle réussisse; depuis le temps qu'elle cherche!
- *Un homme :* — Pourquoi pas?
- *Une femme :* — Je trouve bizarre qu'elle n'ait pas encore appelé. Elle avait rendez-vous à 14 heures.
- *Un homme :* — Elle correspond bien au profil?
- *Une femme :* — Oui, je crois. Ils voulaient que les candidats aient déjà eu une petite expérience… Un stage par exemple, c'est son cas, qu'ils soient allés à l'étranger pour faire une partie de leurs études et qu'ils soient bilingues. Elle a fait son mastère à Dublin, elle parle bien anglais…
- *Un homme :* — Ben alors… elle a toutes ses chances!
- *Une femme :* — Théoriquement oui, mais pratiquement, on ne sait jamais.

(Sonnerie de téléphone portable)

- *Une femme :* — Ah! Excuse-moi, ça doit être elle. Allô, Sophie? Alors, comment ça a marché? … Ah bon. Oui… oui d'accord… Et toi, qu'est-ce que tu en penses? … Oui, je comprends. À tout à l'heure.
- *Un homme :* — Alors? C'est bon?
- *Une femme :* — Elle doit attendre qu'ils aient vu tous les candidats. Elle aura la réponse à 18 heures.

UNITÉ 5 • LEÇON 1

■ ÉCOUTE 1 PAGE 88

- *Une femme :* – Mais enfin, tu arrives à 8 heures alors qu'on avait rendez-vous à 7 heures ! Comment veux-tu que je sois de bonne humeur ?
- *Un homme :* – Je t'avais prévenue que je serais sûrement en retard. Tu ne m'écoutes jamais !
- *Une femme :* – Ça, ce n'est pas vrai. Contrairement à toi, moi, j'écoute quand tu me parles !
- *Un homme :* – Chère madame, autant votre fils est un élève dynamique et sérieux, autant votre fille est passive et peu attentionnée.
- *Une femme :* – Mais monsieur, je ne comprends pas. À la maison, c'est tout le contraire !
- *Un homme :* – Alors, elle travaille peut-être trop à la maison car ici, elle dort au lieu d'étudier !
- *Une femme :* – J'aurais dû m'en douter. Tu ne veux plus me l'acheter ?
- *Un homme :* – Mais si, au contraire ! Je vais te l'acheter tout de suite. J'en ai besoin pour le week-end prochain.
- *Une femme :* – Super ! Je suis bien contente de te la vendre ; par contre, j'en ai encore besoin jusqu'à samedi.
- *Un homme :* – Aïe aïe aïe ! Nathalie ! Vous n'avez pas gagné les 10 000 euros… En revanche, j'ai le plaisir de vous offrir un séjour d'une semaine à la montagne pour deux personnes !
- *Une femme :* – Je vous remercie.
- *Un homme :* – Ah, je suis désolé ! Et tandis que Nathalie essuie une larme, Francis saute de joie. Eh oui Francis, les 10 000 euros sont pour vous ! Bravo !

■ ÉCOUTE 2 PAGE 90

- *Un homme :* – Allô, Rapide Dépannage j'écoute.
- *Une femme :* – Bonjour monsieur, c'est madame Duroule. Voilà… Bien que vous soyez venu réparer ma machine à laver il y a trois jours, elle est encore en panne.
- *Un homme :* – Ah bon ! Pourtant, je me souviens bien, j'ai changé la résistance.

- *Une femme :* – Peut-être, mais elle est en panne quand-même. Vous pensez venir quand ?
- *Un homme :* – Quand ! Quand ! Quand ! Je *peux pas venir chez vous tous les jours ! Disons… jeudi prochain ?
- *Une femme :* – Dans plus d'une semaine ? Vous plaisantez ! La dernière fois, vous m'avez déjà fait attendre dix jours ! Même si je suis patiente, il y a des limites !
- *Un homme :* – Ça *va pas être possible avant. Malgré toute ma bonne volonté, je *pourrai pas venir avant jeudi. Si vous ne pouvez pas attendre, appelez quelqu'un d'autre !
- *Une femme :* – Quelqu'un d'autre ? … Mais je vous ai déjà payé pour cette réparation !
- *Un homme :* – Quand bien même je reviendrais chez vous, ma petite dame, ce ne serait pas gratuitement !
- *Une femme :* – Oh ! Ça c'est trop fort !

• LEÇON 2

■ ÉCOUTE 1 PAGE 94

- *Un homme :* – Là franchement, tu es allée trop loin !
- *Une femme :* – Et qu'est-ce que je peux faire maintenant ?
- *Un homme :* – À ta place, j'irais m'excuser.
- *Une femme :* – Aïe ! Ce n'est pas facile ça.
- *Un homme :* – Je sais. Et tu devrais même lui proposer un dédommagement.
- *Un adolescent :* – Je n'y arrive pas. Qu'est-ce que tu veux que je fasse ?
- *Une femme :* – Il vaudrait mieux que tu reprennes les choses au début. Je suis sûre que tu comprendrais mieux.
- *Un adolescent :* – Tu imagines le travail ?
- *Une femme :* – Si tu veux réussir, tu ferais bien de m'écouter.
- *Un homme :* – Bon, j'y vais.
- *Une femme :* – Ça va aller. Ne t'inquiète pas. Tâche d'être clair, précis et ne parle pas trop.
- *Un homme :* – Tu penses que je dois lui parler de mes problèmes d'horaire ?

• *Une femme :*	– Ce n'est pas le moment. Si j'étais toi, je ne dirais rien.
• *Un homme :*	– D'abord, il faudrait que vous fassiez plus attention à votre présentation. Essayez de changer de coiffure, de porter des vêtements moins stricts.
• *Une femme :*	– Oui, vous avez peut-être raison, mais… c'est difficile.
• *Un homme :*	– Je vous conseille aussi de changer de lunettes. Celles-ci vous donnent un air sévère. Vous pourriez porter des lentilles de contact peut-être.
• *Une femme :*	– Oui, je pourrais essayer. Et, pour le reste ?
• *Une jeune fille :*	– Bon, qu'est-ce que tu décides ?
• *Un jeune garçon :*	– Je ne sais pas. Qu'est-ce que tu en penses ?
• *Une jeune fille :*	– Ce serait bien que tu essaies, au moins ?
• *Un jeune garçon :*	– Oui… mais je ne crois pas que j'aie beaucoup de chances.
• *Une jeune fille :*	– Tu n'as qu'à l'inviter au cinéma.

■ ÉCOUTE 2 PAGE 96

• *Une femme :*	– Salut, Quentin, ça va ?
• *Un homme :*	– Pas mal et toi ?
• *Une femme :*	– Moi, je suis *crevée. Je ne sais pas ce que j'ai en ce moment, mais je ne suis pas en forme.
• *Un homme :*	– Vu ton état, tu devrais refaire du sport.
• *Une femme :*	– Tu sais bien que je n'ai pas le temps !
• *Un homme :*	– Tu as toujours une bonne excuse ! À force de rester devant ton ordinateur, tu vas finir par devenir impotente !
• *Une femme :*	– Oui, tu as peut-être raison. Qu'est-ce que tu ferais à ma place ?
• *Un homme :*	– Je ne sais pas moi… Admettons que faute de temps, tu ne puisses plus aller à la piscine, tu pourrais au moins courir. Courir, c'est facile, d'autant plus que tu habites près d'un parc.

• *Une femme :*	– *Ouais, mais… ce n'est pas très rigolo.
• *Un homme :*	– Tu as un vélo d'appartement, tâche de t'en servir un peu tous les jours.
• *Une femme :*	– Ça… c'est un peu monotone.
• *Un homme :*	– Bon ! Courir, ce n'est pas amusant. Pédaler c'est monotone… Qu'est-ce que tu veux faire au juste ?
• *Une femme :*	– Je crois que j'aimerais prendre des cours de danse.
• *Un homme :*	– Alors là, je ne comprends plus. Tu ne veux plus nager sous prétexte que tu n'as pas le temps et tu voudrais aller je ne sais où pour prendre des cours de danse. Ça te prendra encore bien plus de temps !
• *Une femme :*	– Oui mais, comme Audrey et Maxime y vont déjà, j'irais avec eux, ce serait sympa.
• *Un homme :*	– Pour y être déjà allé moi-même, je peux te dire qu'il faut y aller en couple.
• *Une femme :*	– Ah bon, tu as pris des cours de danse toi ?
• *Un homme :*	– Ben… oui… Pourquoi pas ?

■ ÉCOUTE 1 PAGE 100

• *Un garçon :*	– Enfin, tu ne vois pas la différence ?
• *Une fille :*	– Ben… non. … Elles sont pareilles !
• *Un garçon :*	– Elles se ressemblent mais ce ne sont pas les mêmes ! Et celle-là, c'est la mienne. Je ne veux plus que tu y touches. C'est clair ?
• *Une jeune fille :*	– Je ne comprends pas pourquoi nous n'avons pas le même salaire. Nous sommes arrivées dans l'entreprise en même temps, nous faisons le même travail…
• *Une femme :*	– Mademoiselle Lavoix, vous vous comportez comme une enfant. Vous n'allez pas me faire une scène comme quand j'ai touché ma prime de Noël !

• *Une jeune fille A :*	– Oh là là ! Qu'est-ce qu'il ressemble à son frère, c'est incroyable !
• *Une jeune fille B :*	– Oui ! D'ailleurs, je l'avais pris pour son frère.
• *Une jeune fille A :*	– Il a le même sourire… Mais il est plus grand je crois. Il te regarde ! Fais comme si tu ne l'avais pas remarqué.
• *Un garçon :*	– Pourquoi tu as fait ça ?
• *Une fille :*	– Arrête de me faire des reproches ! On dirait mon père !
• *Un garçon :*	– Bon, il faudrait savoir : un jour, tu me dis que je suis pareil à ta mère, le lendemain à ton père…
• *Une fille :*	– C'est la même chose ! Ce que je voudrais, c'est que tu ne me parles pas comme à une gamine !
• *Une femme :*	– Regarde ! C'est comme le jour où on est arrivés, il pleut. Enfin… il pleut moins fort quand-même.
• *Un homme :*	– C'est du pareil au même. Ici, on ne peut jamais sortir !
• *Une femme :*	– Tu es bien pessimiste, aujourd'hui ! Il a fait beau hier, et avant-hier aussi.
• *Un homme :*	– Peut-être, mais ce n'est plus comme avant.

■ **ÉCOUTE 2 PAGE 102**

• *Une femme :*	– On joue aux devinettes ?
• *Un enfant :*	– D'accord, mais c'est difficile ! Choisis quelque chose que je puisse trouver.
• *Une femme :*	– Alors… C'est un bâtiment dans lequel on peut entrer, près duquel il y a un fleuve, sur lequel il y a un émetteur de télévision, en haut duquel on peut dîner… Tu trouves ?
• *Un enfant :*	– Heu… encore.
• *Une femme :*	– C'est un bâtiment auquel on pense souvent quand on parle de la France et dont on fait des copies en miniature pour les vendre aux touristes. Ça ressemble un peu à une flèche. Tu ne vois pas ?
• *Un enfant :*	– Ben… la tour Eiffel ?
• *Une femme :*	– Bravo ! Tu vois que tu y arrives ! Allez, à toi. Je t'écoute.
• *Un enfant :*	– C'est une chose… sans laquelle on ne peut plus rien faire, … dans laquelle on peut mettre toutes ses idées…
• *Une femme :*	– Un cahier ? Un carnet ?
• *Un enfant :*	– Non ! C'est un *truc avec lequel on peut aller n'importe où. C'est grand comme un briquet mais bien sûr, on ne s'en sert pas de la même manière. Tu as trouvé ?
• *Une femme :*	– Ben… Je ne sais pas moi… Un ordinateur ?
• *Un enfant :*	– Grand comme un briquet, je t'ai dit !
• *Une femme :*	– Tu sais bien que moi, les ordinateurs, je n'y comprends rien.
• *Un enfant :*	– Alors, tu donnes ta langue au chat ?
• *Une femme :*	– Je crois que je vois à quoi ça ressemble, mais je ne sais pas comment ça s'appelle.
• *Un enfant :*	– Alors tu as perdu ! C'est une clé mémoire !
• *Une femme :*	– Comment veux-tu que je trouve ? Je ne sais même pas ce que c'est !

UNITÉ 1 • LEÇON 1

Page 8 exercice 1: Dialogue 1: dimanche dernier, la veille au soir, l'avant-veille, trois jours avant, la semaine précédente. Dialogue 2: lundi, ce jour-là, le lendemain matin, le surlendemain. Dialogue 3: en 1982, cette année-là, l'année d'avant, l'année d'après, trois ans après. – Les premières indications des trois dialogues situent le moment de référence de la conversation. Les autres indications temporelles situent les actions par rapport à ce moment de référence.

Page 9 exercice 5: Ils parlent d'un fait divers. Un pompier pyromane a mis le feu à un immeuble. Un mois avant, il avait déjà incendié une usine de chaussures.

• LEÇON 2

Page 14 exercice 1 : Les gens parlent d'informations sans citer leurs sources. Les expressions :
– J'en ai entendu parler – Le bouche à oreille – Il paraît que – Des on-dit – J'ai entendu dire que – On dit que.
– *Il paraît que, on dit que, j'ai entendu dire que* introduisent une phrase.
– *J'ai entendu parler de* introduit un groupe nominal.
– *Le bouche à oreille, les on-dit* représentent le moyen de transmission de l'information.

Page 15 exercice 5: Ils parlent des changements qui vont avoir lieu dans leurs vies. Mathias, qui a réussi le concours de bibliothécaire, va aller s'installer à Lyon. Karen va aller rejoindre sa sœur à Lille où elle espère trouver un travail.

Page 17 exercice 9: Lucie va probablement retourner à Bordeaux dans sa famille. Ses parents auraient des problèmes car son père mènerait une double vie. Il aurait une autre femme dans sa vie et une autre fille, du même âge que Lucie.
L'utilisation du conditionnel ne permet pas d'affirmer que ces informations sont réelles.

• LEÇON 3

Page 20 exercice 1: autrefois, quand j'étais jeune, de mon temps, quand j'étais petite, dans le temps, en ce temps-là, avant, dans ma jeunesse, à l'époque. – Toutes ces indications temporelles renvoient dans le passé.

Page 21 exercice 5: Toutes ces personnes sont probablement âgées. Elles comparent la vie actuelle à celle de leur jeunesse.
Pour situer dans le passé: dans ma jeunesse, de mon temps, autrefois, avant, quand j'étais jeune. Pour situer dans le présent: maintenant, aujourd'hui, de nos jours, à présent, les gens d'aujourd'hui.

Page 22 exercice 7: Les deux personnes qui parlent sont un présentateur de radio et un professeur de médecine. Ils parlent de l'évolution de la médecine et de la carrière de ce médecin.
Les mots qui évoquent un changement: a progressé, la baisse, une amélioration, cette évolution, s'est développée.
Les verbes à l'infinitif passé: avoir fait, avoir passé, ne pas être allé, ne pas avoir réussi, avoir réalisé. Ils marquent l'antériorité par rapport au verbe introducteur

• BILAN PAGES 26-27

1. Ce dimanche-là / ce jour-là je suis allé à la campagne. – **2.** La veille, j'étais malade. – **3.** Le lendemain, je suis rentré(e) chez moi. – **4.** Le dimanche d'après / le dimanche suivant, je suis resté(e) à la maison. – **5.** étaient entrés par la fenêtre / étaient sortis... / étaient partis... / étaient tombés... – **6.** Ils avaient ouvert tous les tiroirs / avaient volé tous les bijoux / avaient emporté... – **7.** Ils s'étaient enfermés dans la chambre / s'étaient enfuis / s'étaient lavés dans la salle de bain,... – **8.** s'est déclaré – **9.** a été évacuée. – **10.** a été dévasté / a été détruit. – **11.** le pyromane – **12. 13. 14.** je fais des reportages / je réalise des interviews / j'assiste à des conférences de presse / j'écris des articles – **15.** Il paraît que la banque va fermer. – **16.** On dit que les employés sont en grève. – **17. 18.** J'ai entendu dire que le guichetier était tombé dans l'escalier. / J'ai entendu parler d'un attentat. – **19.** Il a dit qu'il venait de trouver un appartement. – **20.** Il a dit qu'il avait déménagé. – **21.** Il a dit qu'il était content. – **22.** Il a dit qu'il viendrait. – **23.** aurait glissé dans le virage / se serait retournée / aurait heurté un arbre... – **24.** il serait à l'hôpital / serait secouru par les pompiers / se reposerait dans une clinique privée... – **25. 26.** au tribunal correctionnel – à la Cour d'assises – **27. 28. 29. 30. 31.** De nos jours / aujourd'hui / maintenant / à présent, il y a beaucoup trop de chômage. – Autrefois / dans le temps / avant / de mon temps / dans ma jeunesse / quand j'étais jeune, c'était beaucoup plus facile. – **32.** je pense avoir compris. – **33.** il prétend n'avoir rien volé. – **34.** il regrette d'avoir crié / d'avoir insulté qqn. / d'avoir dit qqch.... – d'être parti sans rien dire / d'être sorti en courant / d'être arrivé en retard... – de s'être énervé / de s'être mis en colère / de s'être sauvé... – **35.** je suis désolée de l'avoir laissé sortir. – **36.** elle s'améliore. – **37.** elle se détériore / elle s'aggrave / elle empire – **38.** les prix augmentent – **39.** les salaires diminuent – **40.** vous avez la mémoire courte.

Page 28 exercice 1: <u>Dialogue 1:</u> jusqu'au mois de décembre, jusqu'à ce que (3 fois), jusqu'à... – Ces indications marquent la limite finale d'une action. Elles se présentent sous deux formes différentes. – <u>Dialogue 2:</u> avant, avant que, avant de. Ces indications marquent l'antériorité d'une action par rapport à une autre. Elles se présentent sous trois formes différentes. – <u>Dialogue 3:</u> en attendant que, en attendant, en attendant de. Ces indications marquent l'antériorité d'une action par rapport à une autre. Elles se présentent sous trois formes différentes.

Page 29 exercice 5: La femme raconte un fait divers qu'elle a entendu probablement à la radio. Un homme a passé le week-end bloqué dans l'ascenseur de son entreprise. C'est la femme de ménage qui a appelé l'entreprise de dépannage le lundi matin pour le délivrer.

Page 31 exercice 9: Les deux femmes sont probablement des amies. Elles font des projets pour la soirée et elles parlent de l'avenir de l'une d'elles.
<u>Les verbes:</u> Tu auras fini, tu auras terminé, on pourra, j'aurai repris, je ne pourrai plus, tu feras, je continuerai. Les verbes au futur antérieur sont utilisés pour des actions futures envisagées comme finies à un moment donné. Les verbes au futur simple sont utilisés pour des actions qui se réaliseront dans le futur.

• LEÇON 2

Page 34 exercice 1: Les chiffres donnés ne sont pas précis.
<u>Les mots utilisés:</u> environ, bien, à peu près, approximativement, vers, grosso modo, presque.
Bien, introduit un chiffre minimum. Presque introduit un chiffre maximum. Les autres mots indiquent seulement une quantité proche de la réalité.

Page 35 exercice 5: Le jeune homme demande des informations à propos d'une excursion à laquelle il va participer. La jeune femme lui explique que le car partira à 13 heures et qu'il est préférable de déjeuner avant. Ils vont visiter Nîmes et le Pont du Gard. Le retour est prévu vers 18 heures 30.

Page 36 exercice 8: Un Français et une Japonaise parlent de l'immigration en France. Le jeune homme explique les différentes raisons qui ont amené ces étrangers à s'installer en France: raisons familiales, professionnelles, politiques ou personnelles. Il pense que la France est un pays multiculturel. L'INSEE fait des statistiques sur tout ce qui concerne les Français.

• LEÇON 3

Page 40 exercice 1: Quelqu'un tire les conclusions de sa réflexion.
<u>Les mots:</u> Dans le fond, tout compte fait, en fait, finalement. On les utilise pour introduire une décision finale.

Page 41 exercice 5: Deux femmes parlent de ce qu'elles font quand leurs maris ne sont pas à la maison. L'une d'elles ne supporte pas que son mari ne soit pas toujours avec elle quand il ne travaille pas. Elle lui reproche de vouloir jouer au football. L'autre accepte que son mari ait des activités auxquelles elle ne participe pas. Elle aime profiter de ces moments-là pour sortir avec ses copines. Ce qu'elle ne supporte pas, c'est quand son mari reste trop longtemps au téléphone avec sa mère.

Page 42 exercice 8: Il s'agit d'un employeur et d'une femme qui souhaite travailler pour lui.
Les deux personnes se connaissent et l'homme avait déjà dit à la femme qu'il l'emploierait probablement au second trimestre. Il lui demande si elle est toujours libre. Elle dit que oui et explique ce qu'elle a fait au trimestre précédent. Elle a dû refuser un stage comme formatrice à la chambre de commerce car sa fille était malade. Lorsque la secrétaire entre dans le bureau, monsieur Rouvière lui reproche de le déranger et elle sort en s'excusant.

• BILAN PAGES 46-47

1. avant 6 heures / avant demain / avant le dîner... – **2. 3.** avant de sortir / avant d'aller au cinéma... – avant que mon chef (ne) revienne / avant qu'il pleuve... – **4. 5.** jusqu'à midi / jusqu'à la fin du film... – jusqu'à ce que j'aie fini / jusqu'à ce que tu sois obligé de partir... – **6. 7. 8.** en attendant le bus / en attendant le retour de ma mère... – en attendant de trouver un travail / en attendant de reprendre mes études... – en attendant qu'on me dise de faire autre chose / en attendant que mon père soit à la retraite... – **9. 10.** j'aurai fait le ménage / j'aurai préparé le dîner... – je serai allé faire les courses / je serai rentré du marché... – **11.** je me serai préparé / je me serai maquillée... – **12.** les ordures / les détritus. – **13.** on les trie. – **14.** on les recycle. – **15.** on produit surtout de l'énergie nucléaire. – **16. 17. 18. 19.** environ / à peu près / grosso modo / approximativement / au moins / bien 60 millions. – **20.** vers / aux environs de 6 heures. – **21.** Dès que je sors, je viens. – **22. 23.** Après avoir écrit l'article, j'irai chez mes amis. – Une fois l'article écrit, je rentrerai chez moi. – **24. 25.** Après qu'il m'aura téléphoné, je sortirai. – Une fois qu'il m'aura téléphoné, j'irai au cinéma. – **26.** certains / quelques-uns / la plupart étudient l'anglais. – **27.** d'autres / certains / quelques-uns / la plupart choisissent une autre langue. – **28.** tous en étudieront une. – **29.** ils ont émigré. – **30.** aucun n'est encore arrivé. – **31. 32. 33. 34.** Dans le fond / au fond / en fait / tout compte fait / à vrai dire / en fin de compte / tout bien considéré, je ne sais plus. – **35.** lorsque / quand / au moment où. – **36.** pendant / durant. – **37.** pendant qu'. – **38.** quand / lorsque. – **39.** tandis que / alors que. – **40.** tant que / aussi longtemps que.

UNITÉ 3 • LEÇON 1

Page 48 exercice 1: Dans tous ces dialogues, une personne exprime son impuissance face à un problème. <u>Les expressions utilisées sont</u>: On n'y peut rien, c'est comme ça. Il n'y a rien à faire Qu'est-ce que tu veux y faire? Il faut se faire une raison, c'est comme ça. C'est comme ça que ça devait finir!

Page 49 exercice 5: Une jeune fille raconte qu'elle est en photo sur la couverture d'un magazine et qu'elle ne sait pas comment en parler à ses parents. L'autre personne lui explique ce qu'elle aurait dû faire pour ne pas avoir ce problème.

Page 50 exercice 8: Les deux personnes sont des amis. Ils parlent du problème de la femme qui a démissionné de son travail car elle pensait avoir trouvé un autre emploi. Malheureusement, elle n'a pas obtenu cet emploi et elle est très inquiète.

<u>Elle exprime ses regrets</u>: J'aurais dû écouter François. Je m'en mords les doigts. Je regrette de ne pas avoir écouté François. Il aurait fallu que j'attende deux jours. J'aurais mieux fait de me casser une jambe.

• LEÇON 2

Page 54 exercice 1: Dans tous ces dialogues, une personne conseille à une autre de ne pas s'inquiéter. <u>Les expressions</u>: Ne vous en faites pas. Ça va s'arranger. Ne vous inquiétez pas. N'aie pas peur. Ne te fais pas de soucis. Ne craignez rien. Tout ira bien. Pas de panique! Ne t'affole pas.

Page 55 exercice 5: Un couple arrive à une soirée à laquelle ils ont été invités. C'est la première fois que la jeune femme va rencontrer les amis du jeune homme et elle est un peu stressée. L'homme ne lui a pas donné de détails sur cette invitation. Maintenant qu'elle les découvre, elle regrette ses choix pour sa tenue vestimentaire et le petit cadeau qu'elle a apporté.

Page 56 exercice 8: Si j'avais eu beaucoup d'argent, je n'aurais pas travaillé. Si j'avais eu plus de temps libre, j'aurais fait de la peinture. Si j'avais mieux étudié à l'école, je serais devenu(e) médecin. Si je ne m'étais pas marié(e), j'aurais fait le tour du monde. Si je m'étais marié(e) j'aurais voulu avoir beaucoup d'enfants. Si j'avais fait autre chose de ma vie, je ne serais pas plus heureux.

• LEÇON 3

Page 60 exercice 1: Quelqu'un veut prendre la parole. <u>Les expressions</u>: Excusez-moi de vous interrompre Mais, laissez-moi parler s'il vous plaît! Je vous demande pardon mais… Je peux dire un mot?

Page 61 exercice 5: Il s'agit d'un couple. La femme propose d'inviter ses parents pour le week-end et ils imaginent ce qu'ils pourraient faire tous ensemble à cette occasion. <u>Les expressions pour faire des hypothèses</u>: Et si on invitait mes parents le week-end prochain, ce serait une bonne idée non? Il ferait beau, on pourrait aller se promener autour du lac. Au cas où on ne pourrait pas se mettre d'accord, on pourrait aller au musée. On pourrait aller au cinéma le dimanche après-midi. Dans l'hypothèse où ils auraient prévu autre chose…

• BILAN PAGES 66-67

1. 2. 3. 4. Il n'y a rien à faire / On n'y peut rien / Qu'est-ce que tu veux y faire? / C'est comme ça que ça devait finir / Ça devait arriver. Il faut se faire une raison. – **5. 6. 7.** tu aurais pu les relire plus sérieusement / tu aurais dû faire plus d'exercices / tu aurais mieux fait de travailler tout le week-end. – **8. 9. 10.** J'aurais dû faire d'autres choix / j'aurais mieux fait de m'amuser plus / je regrette d'avoir autant travaillé. – **11.** Il aurait fallu que je sois plus gentil. – **12.** SMIC – **13.** – SDF **14.** RMI – **15. 16. 17. 18.** Ne t'inquiète pas / Ne te fais pas de soucis / Ne t'en fais pas / N'aie pas peur / Ne crains rien / Ne t'affole pas / Pas de panique! / Rassure-toi / Tu n'as rien à craindre! / Sois tranquille. Tout ira bien. – **19.** J'aurais travaillé moins bien / j'aurais cherché du travail ailleurs… – **20.** Je serais parti plus souvent en vacances / je serais sorti à l'heure tous les soirs… – **21.** Je me serais moins pressé à travailler / je me serais mis en maladie plus souvent… – **22.** Si j'avais répondu, on aurait peut-être pu se rencontrer / on se serait peut-être plu… – **23.** je serais heureux / je ne serais plus seul / je serais marié. – **24.** tu aurais dû essayer / tu aurais pu la rencontrer / tu aurais mieux fait d'essayer… – **25.** valeurs. **26. 27. 28. 29.** Je peux dire un mot? / Je peux ajouter quelque chose? / Je peux prendre la parole? / Si vous permettez, je voudrais dire quelque chose / Je voudrais intervenir / Désolé de vous interrompre… / Excusez-moi de vous couper la parole, je… / Je vous demande pardon mais… – **30. 31. 32. 33.** Si on prend le train, ce sera plus rapide. / Si on prenait le train, on ne pourrait pas s'arrêter en route pour aller chez Mamie. / Dans l'hypothèse où on prendrait le train, qu'est-ce qu'on ferait du chien? / Au cas où on voudrait prendre le train, il faudrait se décider assez vite pour avoir des billets… – **34. 35. 36. 37.** On irait dans les Pyrénées, ce serait plus près de chez nous. / En supposant qu'on aille dans les Pyrénées, on irait comment? / On pourrait aller faire du ski à moins qu'il n'y ait pas de neige. / Les Pyrénées c'est bien, sauf si on n'a pas envie de faire du ski… – **38. 39. 40.** les films comiques / les films policiers / les films fantastiques / les films romantiques / les films historiques / les films d'aventure / les films d'épouvante / les films de science-fiction / les films d'animation / les dessins animés.

UNITÉ 4 • LEÇON 1

Page 68 exercice 1: Avis positifs: j'approuve, j'apprécie, je n'ai aucune objection, ce programme me convient, je n'y trouve rien à redire, c'est parfait, je suis tout à fait d'accord avec vous, je n'ai rien contre, tu es d'accord. – Avis négatifs: je ne suis pas de votre avis, je suis absolument contre, je désapprouve, tout le monde les condamne, je réprouve.

Page 69 exercice 5: La femme qui aime le football dit: ça me plaît, ça me détend mais les courses de chevaux, ça m'ennuie. – L'autre femme dit à propos du football: ça ne m'intéresse pas du tout, ça m'énerve, ça me fatigue.

Page 70 exercice 8: Les deux personnes sont une jeune fille et sa logeuse. La jeune fille souhaite que son ami dorme une nuit chez elle.
Les constructions avec « ça »: ça ne me plaît pas beaucoup cette histoire. Ça ne gênera personne qu'il dorme ici! Ça m'ennuie de fermer les yeux. Ça me fait vraiment plaisir que vous acceptiez. Ça vous ferait de la peine de refuser. Ça, ça m'amuserait que vous me racontiez…

• LEÇON 2

Page 74 exercice 1: il me paraît sérieux, il m'a l'air un peu gamin, tu crois qu'il…, j'estime qu'elle…, il me semble que j'…, tu as l'impression qu'on…, elle me paraît un peu nerveuse, tu ne trouves pas?, je la trouve super, je suppose que…, j'imagine que je…, je trouve l'idée intéressante, je le crois capable de…, je pense qu'on…

Page 76 exercice 6: Les deux personnes parlent d'une pétition. – L'une d'elle pense qu'il faut attendre un peu avant de la faire, l'autre pense qu'il faut s'en occuper tout de suite ou, du moins, demander une réunion d'information sur la construction de la route.
L'expression de l'opinion: je ne suis pas sûr, il semble qu'il y ait…, je ne crois pas que…, il me paraît quand-même nécessaire qu'on…, je ne crois pas qu'ils…, j'ai l'impression qu'ils…, j'estime qu'ils…, je ne trouve pas la situation très claire, je doute qu'ils…, je trouve normal qu'on…

• LEÇON 3

Page 80 exercice 1: Dans tous ces dialogues, les gens parlent de leurs désirs, de leurs envies.
Les expressions: Pourvu qu'il…, ça me ferait tellement plaisir qu'il…, ça me dirait bien de…, j'espérais bien qu'on…, j'aimerais bien que…, je serais contente que…, je voudrais bien qu'on…, j'ai tellement envie qu'on…

Page 82 exercice 6: Ils parlent de la fille de la femme qui a passé un entretien d'embauche car elle cherche du travail.
Les verbes: qu'elle réussisse, qu'elle n'ait pas encore appelé, que les candidats aient déjà eu…, qu'ils soient allés…, qu'ils soient bilingues, qu'ils aient vu…
Certains de ces verbes sont au subjonctif présent, les autres sont au subjonctif passé (forme composée).

• BILAN PAGES 86-87

1. 2. 3. 4. Je l'approuve totalement. / Je suis absolument pour. / Je n'y trouve rien à redire. / Il me convient tout à fait. / Je le désapprouve. / Je suis contre. / Il ne me convient pas. – **5. 6. 7.** Moi, ça m'intéresse. / Moi, ça me fait rêver. / Moi, ça me rend plus heureux. – **8.** Oui, ça me plaît de regarder un film d'amour. / Non, ça ne me plaît pas de regarder un film d'amour. – **9.** Oui, ça m'énerve que mes voisins fassent du bruit jusqu'à 4 heures du matin. – **10.** monopole – **11.** parier – **12.** mise – **13.** chanceux. – **14. 15. 16.** Je pense / je crois / il me semble / j'ai l'impression qu'il va pleuvoir. – **17. 18.** Oui, je la crois /je l'estime capable de réussir. / Non, je ne la crois pas capable de le gagner. / Oui, elle me paraît capable de le gagner. – **19. 20.** Oui, elle m'a l'air / elle me semble neuve. – **21.** Oui, ça me paraît tout à fait nécessaire que vous la fassiez réparer. – **22. 23. 24.** Non, je ne suis pas sûr / je ne suis pas certain / je doute qu'ils soient là. – **25.** Je ne pense pas / je ne crois pas / je ne trouve pas qu'il ait l'air heureux. – **26.** prend à bras le corps – **27.** résoudre – **28.** confiance en. – **29.** pourvu qu'. – **30. 31. 32. 33.** Je voudrais bien / j'aimerais / j'espère faire de la planche à voile, me baigner toute la journée, rencontrer des gens.– Ça me plairait / ça me dirait bien / ça me ferait plaisir / ça me tenterait / j'ai envie de faire du sport, de me promener sur la plage, d'aller danser. – **34. 35.** J'aimerais que tu arroses les plantes / je voudrais bien que tu viennes donner à manger au chat. / je serais contente que tu prennes le courrier. – **36.** Ça oui! Je regrette vraiment qu'ils soient partis sans moi. / Non, je ne regrette pas du tout qu'ils soient partis sans moi. – **37. 38.** Je suis content / ravi / enchanté / très heureux / qu'elle ait réussi. – Je me réjouis qu'elle ait réussi. – **39. 40.** Je suis désolé / c'est dommage / c'est bête qu'elle l'ait raté. – Je regrette qu'elle l'ait raté.

UNITÉ 5 • LEÇON 1

Page 88 exercice 1: Tous ces dialogues contiennent une opposition. Les mots: alors que, contrairement à, autant… autant…, c'est tout le contraire, au lieu de, au contraire, par contre, en revanche, tandis que, bien que.

Page 90 exercice 7: Les deux personnes sont une femme dont le lave-linge est en panne et un dépanneur. La femme téléphone au dépanneur qui a déjà réparé cette machine mais qui n'a pas réussi car elle est toujours en panne. Ils ne sont pas d'accord sur le jour où il va venir et sur le coût de la réparation.

• LEÇON 2

Page 94 exercice 1: Tous ces dialogues contiennent des conseils. Les formes: À ta place, j'irais…, tu devrais lui proposer…, il vaudrait mieux que tu reprennes…, tu ferais bien de m'écouter…, tâche d'être clair…, si j'étais toi, je ne dirais rien…, il faudrait que vous fassiez…, essayez de changer…, je vous conseille aussi de changer…, vous pourriez porter…, ce serait bien que tu essaies…

Page 96 exercice 6 : Ils parlent de ce que pourrait faire la jeune fille pour retrouver sa forme.

<u>La cause :</u> Vu ton état / à force de rester / faute de temps / d'autant plus que / sous prétexte que / comme / pour y être déjà allé.

• LEÇON 3

Page 100 exercice 1 : Il est question de ressemblances entre des gens ou des situations.

<u>Les formes :</u> Elles sont pareilles / elles se ressemblent / ce ne sont pas les mêmes / le même salaire / en même temps / le même travail / comme quand j'ai touché… / il ressemble à son frère / je l'avais pris pour son frère / le même sourire / comme si tu ne l'avais pas remarqué / on dirait mon père / je suis pareil à ta mère / comme à une gamine / comme le jour où on est arrivé / c'est du pareil au même / comme avant.

Page 102 exercice 6 : Les deux personnes sont une mère et son fils. Ils jouent aux devinettes.

<u>Les pronoms relatifs :</u> que, dans lequel, près duquel, sur lequel, en haut duquel, auquel, dont, sans laquelle, dans laquelle, avec lequel.

• BILAN PAGES 106-107

1. 2. 3. 4. Le mien est brun, tandis que le tien est blond. / autant le mien est paresseux, autant le tien est travailleur. / le mien est toujours content, au contraire, le tien est toujours de mauvaise humeur. / le mien est mineur, en revanche, le tien est majeur. / le mien est patient contrairement au tien qui s'énerve toujours / etc. – **5. 6. 7. 8.** Bien qu'il m'ait menti,… / Même s'il m'a menti,…/ Malgré ses mensonges,… / Il m'a menti, pourtant / cependant / néanmoins,… je l'écoute encore. – **9.** des concessions. – **10.** t'entends. – **11.** concerter – **12.** engager – **13.** s'entendre à l'amiable / trouver un arrangement – **14. 15. 16. 17. 18. 19.** Tu pourrais / tu devrais / tu ferais bien de / je te conseille de / tâche de / essaie de / … lui téléphoner pour l'inviter tout simplement / de prendre l'avion. – A ta place, / si j'étais toi,… je lui téléphonerais tout simplement. / je prendrais l'avion. – Ce serait bien que… / il vaudrait mieux que… / tu lui téléphones. / que tu prennes l'avion. – **20.** vu / étant donné. – **21.** comme. – **22.** à force de. – **23.** elle est partie sous prétexte qu'elle devait finir un devoir de math. – **24.** d'autant plus que ce n'était pas vrai. – **25.** il a été licencié pour avoir agressé son chef / pour être parti en vacances sans avoir prévenu. / pour s'être gravement trompé dans la comptabilité. – **26.** elle a de la classe. / elle est distinguée / elle a du style. – **27.** il s'est mal comporté. / il a eu une mauvaise attitude / il a mal agi / il s'est mal conduit. – **28.** Il a une attitude très négative. – **29. 30. 31.** Elles ont les mêmes yeux / les mêmes cheveux / les mêmes oreilles… Elles ont la même bouche / la même cicatrice au menton / … . Elle ont le même nez / le même sourire / le même regard… – **32.** on dirait Vincent Cassel. – **33.** Comme d'habitude / comme toujours / comme la dernière fois… – **34.** je l'ai prise pour sa sœur. – **35. 36. 37. 38.** C'est un *truc avec lequel tu peux envoyer des messages / sur lequel il y a des touches numérotées / dans lequel il y a des circuits électroniques / auquel on peut ajouter un écran / près duquel tu dois avoir une prise de téléphone… – **39.** je vais peser le pour et le contre. – **40.** atouts.

N° d'éditeur : 10216753 - Dépôt légal : avril 2014
Achevé d'imprimer en France en juin 2015 sur les presses de JOUVE, Mayenne - N° 2210080W